SEM FINS LUCRATIVOS

SEM FINS LUCRATIVOS
Por que a democracia precisa das humanidades

Martha C. Nussbaum

Tradução Fernando Santos

SÃO PAULO 2019

Esta obra foi publicada originalmente em inglês com o título
NOT FOR PROFIT – Why Democracy Needs The Humanities
por Princeton University Press, 41 William Street, Princeton, New Jersey 08540

Copyright © 2010, Princeton University Press
Copyright © 2015, Editora WMF Martins Fontes Ltda.,
São Paulo, para a presente edição.

Todos os direitos reservados. Este livro não pode ser reproduzido, no todo ou em parte, armazenado em sistemas eletrônicos recuperáveis nem transmitido por nenhuma forma ou meio eletrônico, mecânico ou outros, sem a prévia autorização por escrito do editor.

1ª edição 2015
2ª tiragem 2019

Tradução
Fernando Santos
Acompanhamento editorial
Maria Fernanda Alvares
Revisões gráficas
Fernanda Lobo
Marisa Rosa Teixeira
Edição de arte
Katia Harumi Terasaka
Produção gráfica
Geraldo Alves
Paginação
Moacir Katsumi Matsusaki

Dados Internacionais de Catalogação na Publicação (CIP)
(Câmara Brasileira do Livro, SP, Brasil)

Nussbaum, Martha C.
    Sem fins lucrativos : por que a democracia precisa das humanidades / Martha C. Nussbaum ; tradução Fernando Santos. – São Paulo : Editora WMF Martins Fontes, 2015.

    Título original: Not for profit : why democracy needs the humanities.
    ISBN 978-85-7827-978-3

    1. Democracia e educação 2. Educação 3. Humanidade – Filosofia I. Título.

15-06567   CDD-370.115

Índices para catálogo sistemático:
1. Democracia e educação   370.115

Todos os direitos desta edição reservados à
Editora WMF Martins Fontes Ltda.
Rua Prof. Laerte Ramos de Carvalho, 133   01325-030 São Paulo SP Brasil
Tel. (11) 3293-8150   e-mail: info@wmfmartinsfontes.com.br
http://www.wmfmartinsfontes.com.br

A História chegou a uma fase em que o homem moral, o homem completo, está aceitando cada vez mais, quase sem perceber, ceder lugar ao... homem mercantilista, o homem cujos propósitos são limitados. Esse processo, auxiliado pelo extraordinário avanço da ciência, está assumindo uma proporção e uma força gigantescas, ocasionando a ruína do equilíbrio moral do homem e escondendo seu lado humano debaixo da sombra de uma organização insensível.

– Rabindranath Tagore, *Nationalism*, 1917

O desempenho acaba mostrando o tipo de coisa que uma máquina bem projetada é capaz de fazer melhor do que um ser humano; contudo, a finalidade principal da educação, a conquista de uma vida plena de sentido, é deixada de lado.

– John Dewey, *Democracy and Education*, 1915

*Para Lois Goutman, Marthe Melchior, Marion Stearns
e todos os meus professores da Baldwin School*

Sumário

Apresentação de Alcir Pécora ix
Prefácio de Ruth O'Brien xv
Agradecimentos xix

I. A crise silenciosa 3
II. Educação para o lucro, educação para a democracia 13
III. Educar os cidadãos: os sentimentos morais (e antimorais) 27
IV. Pedagogia socrática: a importância da argumentação 47
V. Cidadãos do mundo 79
VI. Cultivar a imaginação: a literatura e as artes 95
VII. A educação democrática na defensiva 121

Índice remissivo 145

Apresentação à edição brasileira

*Alcir Pécora**

Tendo lecionado em Harvard, Brown e Oxford, Martha C. Nussbaum (Nova York, 1947) é atualmente professora do Departamento de Filosofia da Escola de Direito da Universidade de Chicago. Na área dos estudos clássicos, é autora reconhecida por estudos como *A fragilidade da bondade*, de 1986 (editado pela WMF Martins Fontes, em 2009), que trata da noção de fortuna na épica antiga, e *Love's Knowledge*, de 1990, que reúne ensaios que vão de Platão e Aristóteles a Henry James e Samuel Beckett. A partir daí, aos estudos mais propriamente literários e filosóficos, Nussbaum têm acrescido trabalhos voltados para o debate ético e político contemporâneo, como é o caso de *Poetic Justice* (1995) e de *Cultivating Humanity* (1998), ainda inéditos no Brasil, e também de *Fronteiras da justiça* (2006), este último lançado no país, em 2013, por esta mesma WMF Martins Fontes.

Com o explícito propósito de intervenção no debate de política educacional durante o governo Obama, Martha Nussbaum lançou este *Sem fins lucrativos: por que a democracia precisa das humanidades*, título que toma voluntariamente a forma contundente de "manifesto". Por isso mesmo, não estranha que, sob certos aspectos, faça largo uso de noções do senso comum no debate de políti-

---

* Professor titular do Departamento de Teoria Literária da Unicamp.

cas públicas nos Estados Unidos. Dirigindo-o menos a *scholars* que a um amplo conjunto de leitores comprometidos com as ideias de democracia pluralista e cosmopolita, o manifesto relaciona, sem meias-palavras, um conjunto significativo de problemas educacionais contemporâneos.

Ressalto que o campo privilegiado de observação de Nussbaum não se restringe aos Estados Unidos. A autora conhece bem a Índia, onde desenvolveu trabalhos ao lado do vencedor do Prêmio Nobel de Economia, Amartya Sen, além de apresentar dados levantados em países como Alemanha, Suécia e Inglaterra. Embora diversos entre si, em termos históricos, culturais e políticos, em todos esses países a autora observa um mesmo avanço alarmante do que considera, mais do que uma crise, um "câncer" a se alastrar pelo mundo, caracterizado essencialmente pela submissão da educação ao lucro.

Ao longo do seu manifesto, a autora busca justamente evidenciar essa tendência mundial de reduzir a educação, desde os primeiros anos de escola até a universidade, a um processo de capacitação para o negócio e à contribuição para o PIB per capita da nação. Curiosamente, até onde vejo, o Brasil parece fora desse processo de instrumentalização econômica do ensino, não pelas melhores razões, isto é, não por aplicar-se a uma educação formativa ampla e de qualidade, mas, bem ao contrário, por esperar pouco ou quase nada do ensino (a não ser em *slogans* de ocasião) – vale dizer, por um descaso secular, colonial, pela educação.

Nesse processo de submissão da educação ao negócio, promovido de forma cada vez mais agressiva por governos de tendências político-ideológicas as mais diversas, a autora vê a mais grave ameaça aos fundamentos da educação liberal clássica, cujo primeiro valor é o vigor da vida democrática, o apego aos valores do pluralismo, das liberdades civis, da conquista de direitos iguais para os cidadãos, independentemente de raça, classe, gênero, orientação sexual, religião etc. A agenda é conhecida. É difícil discordar dela, dentro de uma perspectiva urbana, progressista ou mesmo de simples bom senso, em termos de uma *doxa* ocidental moderna.

APRESENTAÇÃO À EDIÇÃO BRASILEIRA

Menos conhecidos são os aspectos curriculares ou pedagógicos desenvolvidos por Nussbaum em sua apologia de uma educação oposta aos utilitarismos produtivistas do neoliberalismo do século XXI. Para começar, a autora reafirma a importância de uma formação que podemos chamar de "generalista", com argumentos que relacionam desde os temas da educação socrática até as formulações do educador indiano Rabindranath Tagore, passando pelas ideias de autores tão distintos como Rousseau, Dewey, Froebel, Pestalozzi, Alcott, Montessori, entre outros.

Nesse tipo de proposta, a finalidade decisiva do processo de ensino é levar o aluno a pensar criticamente, o que implica criar um ambiente de aprendizado no qual os conteúdos específicos das matérias nunca valem mais do que a criação de posturas favoráveis à autocrítica e à independência intelectual. Para Nussbaum, apenas categorias que atendem a essas exigências são capazes de resistir à submissão maquinal à autoridade ou à pressão homogeneizadora dos pares. Nessa perspectiva, propõe a centralidade do exercício da imaginação (em que os instrumentos principais são as artes, entendidas menos como produção de "obras" do que como práticas de engajamento inventivo, pessoal e coletivo), da compreensão empática do outro (na qual Nussbaum destaca, com Donald Winnicott, a importância dos jogos, brincadeiras e dramatizações) e, enfim, da adoção de uma ideia de cidadania em que as ações locais se reconhecem imediatamente como conectadas às de outras partes do planeta.

No cerne desses conceitos, Nussbaum destaca igualmente o papel das aptidões individuais (*capabilities*) tomadas como base de políticas de direitos humanos e de programas educacionais mais justos e inclusivos. Tais aptidões, interpretadas de modo oposto ao de uma política empresarial de "recursos humanos", implicam tanto uma leitura menos abstrata do lema cívico americano da "igualdade de oportunidades" como ações positivas que considerem circunstâncias e pessoas, evidenciando as situações assimétricas vividas por elas.

Além disso, tais pressupostos conceituais voltados para a formação da cidadania traduzem-se em pinceladas curriculares bastante inventivas e estimulantes que dão ênfase a estudos como os de (a) história e geografia mundiais (em oposição à ênfase tradicional norte-americana em sua própria história e território, deixando o resto do mundo na posição de um longínquo e indistinto pano de fundo); (b) história do trabalho (que, de modo geral, dá prioridade aos estudos de história econômica, que a autora, na linha dos argumentos de John Dewey, considera mais democrática do que a história política, uma vez que trata de situações comuns vividas pelas pessoas, refletindo diretamente sobre os produtos que elas vestem, comem etc., mais do que da ação de homens ou cargos importantes em situações excepcionais); (c) relações internacionais (com destaque para o estudo dos momentos em que se definiram historicamente os pactos violentamente assimétricos entre as nações, a saber: os períodos de estabelecimento das relações coloniais, de implantação das corporações multinacionais, de crescimento dos investimentos externos no âmbito do mercado financeiro, entre outros possíveis); (d) disciplinas articuladas de direito, cultura e política (de modo a reverter a tendência especializada e instrumental dessas disciplinas, que as tornam facilmente controladas por empreendimentos econômicos); (e) disciplinas sobre religiões (que Nussbaum julga, na contramão do pensamento de esquerda e mesmo do pensamento da direita materialista, indissociável do *core* das humanidades, pois apenas através do conhecimento das diversas práticas religiosas e seus papéis sociais o "cidadão do mundo" pode adquirir uma efetiva prática da tolerância).

Cabe notar ainda que, em todos os pontos curriculares assinalados acima, Nussbaum adota um ponto de vista privilegiadamente multicultural: é esse olhar que baliza a crítica das injustiças de gênero, raça, orientação sexual etc. – nesse *et cetera* compreendidas, suponho, as questões de classe social, provavelmente reinterpretadas por um viés cultural.

Em relação às circunstâncias contemporâneas da política educacional nos Estados Unidos, que possui o inegável *background* favorável dos estudos tradicionais das "liberal arts" ainda majoritariamente aplicados em todo o país, a autora tanto louva a chegada de Barack Obama à presidência, como homem e político comprometido com valores democráticos de tolerância e de cooperação entre os povos, como faz duras críticas ao que ele tem dito sobre educação até o momento de escrita do livro (2010).

Nussbaum critica, em particular, o fato de Obama tomar sistematicamente Singapura como exemplo a ser seguido na educação. Nos termos do presidente americano, "[os responsáveis pelas políticas educacionais de Singapura] estão empregando menos tempo ensinando coisas que não são importantes e mais tempo ensinando coisas que são. Eles não estão preparando seus alunos apenas para o curso médio ou para a universidade, mas para uma profissão. Nós não". Segundo Nussbaum, essa admiração de Obama pelo estudo técnico voltado para a profissionalização, mais do que pelo incentivo à construção das práticas críticas e de sustentação da cidadania, leva a crer que "as coisas que não são importantes" incluem exatamente "muitas das coisas que este livro defende como fundamentais para a saúde da democracia".

A autora critica também a escolha de Arne Duncan para o mais alto posto da educação no país, tendo em vista que a atuação pregressa dela na Secretaria de Educação de Chicago teria levado a uma "rápida diminuição do financiamento das humanidades e das artes", assim como à adoção cada vez mais generalizada de testes nacionais de múltipla escolha – uma praga que atinge o Brasil há muitos anos –, nos quais o que mais conta é a memorização de conteúdos técnicos.

Enfim, creio que os aspectos destacados até aqui bastam para mostrar a relevância da leitura de *Sem fins lucrativos*. Se não é, nem busca ser, um livro conceitualmente sofisticado, demonstra uma vontade invulgar de debater francamente as questões públicas da educação, da formação da cidadania e das medidas de combate à exclusão social. Está claro que, para Nussbaum, favorecer a ocasião do debate público é o melhor início de terapia para a cura do câncer diagnosticado.

Prefácio

Ruth O'Brien

Não obstante o papel fundamental que as humanidades e as artes assumiram na história da democracia, hoje em dia muitos pais sentem vergonha dos filhos que estudam literatura ou arte. Embora a literatura e a filosofia tenham mudado o mundo, é provável que os pais do mundo inteiro fiquem mais aflitos se seus filhos forem analfabetos financeiros do que se tiverem uma formação deficiente em humanidades. Mesmo no Laboratório Escolar da Universidade de Chicago — a escola onde surgiram as experiências pioneiras de reforma educacional democrática do filósofo John Dewey —, muitos pais se preocupam com que os filhos não estejam recebendo uma formação adequada para alcançar o sucesso financeiro.

Em *Sem fins lucrativos*, Nussbaum lança um alerta a respeito da "crise silenciosa" em que as nações "descartam competências" enquanto "ficam obcecadas pelo Produto Nacional Bruto". Como por toda parte as artes e as humanidades estão tendo seu espaço reduzido, os atributos fundamentais da própria democracia estão sofrendo uma corrosão perigosa. Nussbaum lembra que importantes educadores e responsáveis pela consolidação de identidades nacionais percebiam como as artes e as humanidades ensinam às crianças o raciocínio crítico que é indispensável para agir com independência e para resistir com inteligência à força da tradição e da autoridade irracionais. Os alunos de arte e literatura também aprendem a se colocar na posição dos outros, uma capacidade que é fundamental para uma democracia bem-sucedida e para o desenvolvimento de nosso "olhar interno".

A força particular de Nussbaum em *Sem fins lucrativos* está no modo como ela usa seu vasto conhecimento de filosofia e teoria educacional, tanto ocidental como não ocidental. Valendo-se de Rabindranath Tagore (o indiano que recebeu o Prêmio Nobel de Literatura e fundou uma escola e uma universidade experimentais) e John Dewey, bem como de Jean-Jacques Rousseau, Donald Winnicott e Ralph Ellison, ela cria um "modelo de desenvolvimento humano" de educação, afirmando que ele é indispensável para a democracia e para a educação de cidadãos com uma visão global.

As humanidades e as artes contribuem tanto para o desenvolvimento das crianças pequenas em suas brincadeiras quanto para o desenvolvimento dos estudantes universitários. Nussbaum afirma que mesmo as brincadeiras das crianças pequenas são educativas, pois lhes mostram como se relacionar com os outros sem manter o controle total da situação. Elas relacionam "experiências de vulnerabilidade e surpresa à curiosidade e ao encantamento, não à ansiedade". Mais tarde, essas experiências são ampliadas e aprofundadas por meio de um criterioso currículo de humanidades.

"A falta de compaixão", explica Nussbaum, "pode se somar à perigosa dinâmica do ódio e da vergonha... [e] a vergonha é a reação universal à impotência humana." As sociedades que impõem "o mito do controle total" em vez de "necessidade e interdependência mútuas" só exacerbam essa dinâmica. Ela sugere que pensemos como Rousseau, que sabia que seu Emílio precisa aprender a se identificar com as dificuldades comuns do ser humano. Ele precisa enxergar o mundo através da lente dos inúmeros tipos de vulnerabilidade e desenvolver uma imaginação fértil. Só então é que ele realmente vai considerar as pessoas como reais e iguais. Só então ele pode ser um igual entre iguais e reconhecer a interdependência, como a democracia e a cidadania global exigem. Uma democracia cheia de cidadãos sem empatia inevitavelmente vai

PREFÁCIO

gerar novas formas de marginalização e estigmatização, exacerbando, assim, seus problemas, em vez de resolvê-los.

Em *Sem fins lucrativos*, Nussbaum afasta a ideia de que a educação seja principalmente uma ferramenta de crescimento econômico. Ela sustenta que o crescimento econômico nem sempre gera uma melhor qualidade de vida. O descuido e o desprezo com relação às artes e às humanidades põem em perigo nossa qualidade de vida e a saúde de nossas democracias.

Este livro oferece aos leitores um "chamado à ação", na forma de um projeto que substitui um modelo educacional que destrói a democracia por outro que a promove. Ele apresenta evidências convincentes, embora à primeira vista contraintuitivas, de que o próprio fundamento da cidadania – sem falar na prosperidade nacional – depende das humanidades e das artes. O risco de ignorá-las é nosso.

Nussbaum nos apresenta um livro valioso e abrangente, que nos mostra a importância de aprendermos a nos relacionar bem com os outros – e, então, como pensar por nós mesmos.

Agradecimentos

O fato de ter refletido e escrito durante muitos anos sobre a educação liberal faz com que eu não consiga me lembrar devidamente de todos os agradecimentos que gostaria de fazer. As inúmeras escolas, faculdades e universidades que discutiram as conclusões de meu primeiro livro, *Cultivating Humanity* [Promover o humanitarismo] devem ocupar o começo da lista, o mesmo valendo para a Association of American Colleges and Universities, cujos membros e líderes representaram uma fonte valiosa de inspiração e *insight*. Gostaria de agradecer a Carole Schneider, presidente da associação, por incluir-me no relatório LEAP (Liberal Education and America's Promise [A Educação Liberal e o Compromisso Americano]) sobre educação superior e pela reação generosa a algumas dessas ideias quando as apresentei em sua primeira versão. Mike McPherson, da Spencer Foundation, também foi uma fonte incrível de *insight*, e o ano que passei como bolsista residente daquela fundação ensinou-me bastante sobre esse assunto, embora na época eu estivesse trabalhando num projeto diferente. Minha atual ligação com a Cambridge School, onde minha filha estudou, deixa-me otimista quanto ao futuro do tipo de educação que defendo aqui. Jane Moulding, a diretora da escola, todo o corpo docente e os curadores devem ser elogiados por seu compromisso com o raciocínio crítico e com as artes numa época em que essa postura vai contra a corrente. De forma bem diferente, recebo diariamente o apoio e o estímulo de meus colegas da Faculdade de Direito da Universidade de Chicago, uma comunidade intelectual notável em que floresce o raciocínio crítico interdisciplinar.

O lado agradável de trabalhar com um tema durante vários anos é que podemos acompanhar a ascensão de jovens que admiramos a posições de influência. Ao discutir a educação para uma cidadania global em *Cultivating Humanity*, mencionei um jovem professor de filosofia da St. Lawrence University que criara um excelente e inovador programa de "estudos interculturais" que incluía viagens do corpo docente e ensino interdisciplinar. Em abril passado, Grant Cornwell tornou-se presidente do Wabash College de Ohio, e eu tive o privilégio de fazer uma palestra sobre as ideias deste livro no dia de sua posse.

Acima de tudo, inspirei-me na educação que recebi quando criança na Baldwin School, em Bryn Mawr, Pensilvânia. Eu adorava sair diariamente da comunidade vizinha que só pensava no lucro e no sucesso e penetrar num espaço onde o raciocínio crítico, as ideias e a imaginação eram mais importantes que o lucro. Sou imensamente grata aos meus professores daquela escola. Acima de tudo, dedico este livro a três deles: a Lois Goutman, o estimulante e emocionalmente penetrante diretor de dramaturgia, que descobriu como fazer para que moças comuns externassem qualidades que elas não sabiam possuir; a Marthe Melchior, a minúscula e impetuosa professora de francês que nos ensinou a estudar o idioma a partir de uma perspectiva multidisciplinar que incluísse a história, a literatura e as artes, e que ajudou a mim e a minha melhor amiga a encontrar uma associação de dramaturgia francesa, onde, às vezes, chegamos a escrever nossas próprias peças em francês, a minha uma tragédia sobre a vida de Robespierre (numa reunião há cerca de dez anos, já com mais de noventa, mas ainda impetuosa, ela saudou-me com um "Vous voyez, Martha, je suis encore jacobine" [Está vendo, Martha, continuo sendo jacobina]). E a Marion Stearns, uma excelente professora de poesia e prosa

AGRADECIMENTOS

inglesas, que nos ensinou a ler e escrever, aterrorizando-nos para que elimínássemos do texto tudo que fosse falso ou egocêntrico (algo muito difícil para garotas adolescentes).

Na Índia, aprendi com todos os meus amigos em e de Santiniketan, terra natal da escola de Tagore, especialmente com a finada Amita Sen e com Amartya Sen. Quanto a outras conversas sobre educação que tive na Índia, agradeço a Gurcharan Das, Mushirul Hasan, Zoya Hasan, Pratik Kanjilal, Krishna Kumar e Antara Dev Sen.

Pelos comentários nas primeiras provas ou em partes do original, agradeço a Andrew Koppelman, Mollie Stone, Madhavi Sunder e a meu maravilhoso editor, Rob Tempio.

SEM FINS LUCRATIVOS

1. A crise silenciosa

A educação é o processo por meio do qual a mente se liberta da alma e, associada a coisas externas, volta-se sobre si, tornando-se, assim, consciente da realidade e da forma delas.
– Bronson Alcott, educador de Massachusetts, c. 1850

Embora faça uso dos [bens materiais], o homem tem de tomar cuidado para se proteger da [sua] tirania. Se ele for fraco o bastante e se apequenar a fim de se adequar a sua cobertura, então isso se torna um processo gradual de suicídio por meio do encolhimento da alma.
– Rabindranath Tagore, educador indiano, c. 1917

Estamos em meio a uma crise de enormes proporções e de grave significado global. Não, não me refiro à crise econômica global que começou em 2008. Pelo menos naquela época todos sabiam que estavam diante de uma crise, e muitos líderes mundiais agiram de forma rápida e desesperada para encontrar soluções. Não, refiro-me a uma crise que, como um câncer, passa em grande parte despercebida; uma crise que, no longo prazo, provavelmente será muito mais prejudicial para o futuro dos governos democráticos: uma crise mundial da educação.

Estão ocorrendo mudanças radicais no que as sociedades democráticas ensinam a seus jovens, e essas mudanças não têm sido bem pensadas. Obcecados pelo PNB, os países – e seus sistemas de educação – estão descartando, de forma imprudente, competências indispensáveis para manter viva a democracia. Se essa tendência prosseguir, todos os países logo estarão produzindo gerações de máquinas lucrativas, em vez de produzirem cidadãos íntegros que possam pensar por si próprios, criticar a tradição e entender o significado dos sofrimentos e das realizações dos outros. É disso que depende o futuro da democracia.

Que mudanças radicais são essas? Tanto no ensino fundamental e médio como no ensino superior, as humanidades e as artes estão sendo eliminadas em quase todos os países do mundo. Consideradas pelos administradores públicos como enfeites inúteis, num momento em que as nações precisam eliminar todos os elementos inúteis para se manterem competitivas no mercado global, elas estão perdendo rapidamente seu lugar nos currículos e, além disso, nas mentes e nos corações dos pais e dos filhos. De fato, o que poderíamos chamar de aspectos humanistas da ciência e das ciências humanas – o aspecto construtivo e criativo, e a perspectiva de um raciocínio crítico rigoroso – também está perdendo terreno, já que os países preferem correr atrás do lucro de curto prazo por meio do aperfeiçoamento das competências lucrativas e extremamente práticas adequadas à geração de lucro.

Embora essa crise esteja diante de nós, ainda não a enfrentamos. Seguimos em frente como se nada tivesse mudado, quando, na verdade, importantes mudanças de ênfase são evidentes por toda parte. Nós ainda não fizemos uma verdadeira reflexão sobre essas mudanças – na verdade, nós não as escolhemos –, e, no entanto, elas limitam cada vez mais o nosso futuro.

Considerem estes cinco exemplos, extraídos, de propósito, de diferentes países e de diferentes níveis educacionais:

- No outono de 2006, a Comissão sobre o Futuro da Educação do Ministério da Educação, encabeçada pela ministra da Educação do governo Bush, Margaret Spellings, publicou um relatório sobre a situação da educação superior no país: *Um teste de liderança: mapa do futuro da educação superior americana*[1]. Esse relatório continha uma crítica valiosa do acesso desigual à educação superior. No entanto, ao tratar do tema principal, concentrou-se na educação voltada para o crescimento econômico nacional. Ele se preocupou com as deficiências observadas na ciência, na tecnologia e na engenharia – não a pesquisa científica básica nessas áreas, mas apenas o ensino extremamente aplicado, o ensino que crie rapidamente estratégias de geração de lucro. As humanidades, as artes e o raciocínio crítico estavam, em sua maior parte, ausentes. Ao omiti-los, o relatório deu a entender, de maneira enfática, que seria perfeitamente normal se permitíssemos que essas competências encolhessem em favor de disciplinas mais úteis.

- Em março de 2004, um grupo de especialistas de vários países se reuniu para discutir a filosofia educacional de Rabindranath Tagore – ganhador do Prêmio Nobel de Literatura de 1913 e importante inovador da educação. O experimento educacional de Tagore, que teve uma grande influência na Europa, no Japão e nos Estados Unidos, tinha o foco na capacitação do aluno por meio dos métodos de discussão socrática, da exposição a diversas culturas do mundo e, acima de tudo, da introdução da música, das belas-artes, do teatro e da dança em todas as partes do currículo. Hoje em dia, ninguém liga para as ideias de Tagore na Índia, chegando mesmo a desprezá-las. Todos os participantes da conferência concordaram que uma nova concepção, baseada no lucro, se tornara predominante – deixando de lado, ao longo do processo, o conceito de desenvolvimento criativo e crítico por meio do qual Tagore havia formado tantos futuros cidadãos da bem-sucedida democracia indiana. Será que a democracia indiana resistiria ao ataque que seu núcleo vital sofre hoje? Diante de tantas evidências recentes de estupidez burocrática e de pensamento hegemônico acrítico, muitos participantes temiam que a resposta pudesse ser "não".

- Em novembro de 2005, os professores da Escola Laboratório de Chicago organizaram um retiro – a escola, que fica no campus da minha universidade, onde John Dewey realizou as experiências pioneiras na

---

[1] *A Test of Leadership: Charting the Future of U.S. Higher Education*, disponível on-line. Um relatório contrário valioso é *College Learning for the New Global Century*, publicado pelo Conselho do Comando Nacional em Defesa da Educação Liberal e o Compromisso Americano (em inglês, LEAP), um grupo organizado pela Associação Americana de Estabelecimentos de Ensino Superior e Universidades (Washington, DC, 2007), com cujas recomendações concordo em grande parte (nada surpreendente, uma vez que ajudei a esboçá-lo).

reforma democrática da educação, a escola em que as filhas do presidente Barack Obama passaram seus anos iniciais de formação. Os professores haviam se reunido para discutir o tema da educação por uma cidadania democrática, e refletiram sobre um amplo conjunto de experiências educacionais, estudando personalidades que iam de Sócrates a Dewey, na tradição ocidental, às ideias bastante próximas de Tagore, na Índia. Mas havia algo completamente fora do lugar. Eles – que se orgulham de estimular as crianças a questionar, criticar e usar a imaginação – mostraram-se preocupados com as pressões que enfrentam por parte de pais abastados que mandam os filhos para essa escola de elite. Impacientes com as supostas competências supérfluas, e atentos para que encham seus filhos com uma grande quantidade de competências verificáveis que apresentem grande possibilidade de sucesso financeiro, esses pais estão tentando modificar a visão que orienta a escola. Parece que eles estão quase conseguindo o que desejam.

- No outono de 2005, a chefe do comitê responsável pela escolha do novo reitor da Faculdade de Educação de uma das mais prestigiosas universidades do país ligou-me pedindo um conselho. Daqui em diante, vou me referir à universidade como X. A Faculdade de Educação de X tem uma enorme influência nos professores e nas escolas de todo o país. Quando comecei a falar a respeito do papel das humanidades e das artes na educação para uma cidadania democrática, dizendo o que eu considerava conhecido e óbvio, a mulher demonstrou surpresa. "Que coisa extraordinária", disse ela, "nenhuma das pessoas com quem falei nem ao menos mencionou qualquer dessas ideias. Temos conversado apenas sobre a maneira como a Universidade X pode colaborar para a educação científica e técnica em nível mundial, e é nisso que nosso presidente está de fato interessado. No entanto, o que você diz é muito interessante, e eu realmente gostaria de refletir sobre isso."

- No inverno de 2006, outra prestigiosa universidade americana – vamos chamá-la de Y – organizou um simpósio para comemorar um importante aniversário cuja principal atividade seria discutir o futuro da educação humanista. Alguns meses antes do evento, os palestrantes que haviam concordado em participar foram informados de que o foco havia sido modificado, e eles deveriam simplesmente comparecer e dar palestras sobre qualquer tema de seu agrado a pequenos públicos dos departamentos. Um assistente administrativo atencioso, simpático e falante disse-me que a razão da mudança foi que – considerando que um simpósio sobre educação humanista não iria "ter repercussão" – o presidente de Y decidira substituí-lo por outro que abordasse as últimas conquistas tecnológicas e seu papel na geração de lucros para o comércio e a indústria.

Existem centenas de histórias iguais a essas, e todo dia ficamos sabendo de outras – dos Estados Unidos, da Europa, da Índia e, sem dúvida, de outras partes do mundo. Estamos indo atrás dos bens que nos protegem, satisfazem e consolam – o que Tagore chamou de "cobertura" material. Contudo, parece que estamos nos esquecendo da alma, do que significa para a mente abrir a alma e ligar a pessoa com o mundo de modo rico, sutil e complexo; do que significa aproximar-se de outra pessoa como uma alma, em vez de fazê-lo como um simples instrumento útil ou um obstáculo aos seus próprios projetos; do que significa conversar, como alguém que possui alma, com outra pessoa que consideramos igualmente profunda e complexa.

A palavra "alma" apresenta conotações religiosas para muitas pessoas, e não pretendo insistir nelas nem rejeitá-las. Cada um pode dar ouvidos a essas conotações ou ignorá-las. No entanto, insisto que tanto para Tagore como para Alcott alma significava a capacidade de pensar e de imaginar que nos torna humanos e que torna nossas relações humanas e ricas, em vez de relações meramente utilitárias e manipuladoras. Quando vivemos em sociedade, se não aprendemos a enxergar tanto o eu como o outro dessa forma, imaginando em ambos capacidades inatas de pensar e de sentir, a democracia está fadada ao fracasso, porque ela se baseia no respeito e na consideração, e estes, por sua vez, se baseiam na capacidade de perceber os outros como seres humanos, não como simples objetos.

Dado que, especialmente neste momento de crise, todos os países buscam avidamente o crescimento econômico, foi levantada uma quantidade muito pequena de questões sobre os rumos da educação e, com eles, sobre as sociedades democráticas do mundo. Com a corrida pela lucratividade no mercado global, nos arriscamos a perder valores preciosos para o futuro da democracia, especialmente numa era de inquietação religiosa e econômica.

O incentivo ao lucro sugere a muitos líderes ansiosos que a ciência e a tecnologia têm uma importância decisiva para o futuro bem-estar de seus países. Não devemos ser contra a ciência de qualidade e a educação técnica, e não estou sugerindo que os países devam parar de tentar progredir nessa área. Minha preocupação é que outras competências, igualmente decisivas, correm o risco de se perder no alvoroço competitivo; competências decisivas para o bem-estar interno de qualquer democracia e para a criação de uma cultura mundial generosa, capaz de tratar, de maneira construtiva, dos problemas mais prementes do mundo.

Essas competências estão ligadas às humanidades e às artes: a capacidade de pensar criticamente; a capacidade de transcender os compromissos locais e abordar as questões mundiais como um "cidadão do mundo"; e, por fim, a capacidade de imaginar, com simpatia, a situação difícil em que o outro se encontra[2].

Vou defender meu ponto de vista prosseguindo com a comparação que meus exemplos já sugeriram: entre uma educação voltada para o lucro e uma educação voltada para um tipo mais inclusivo de cidadania. Tentarei demonstrar como as humanidades e as artes são decisivas tanto no ensino fundamental e médio como no superior, extraindo exemplos de uma série de estágios e níveis diferentes. Não nego, de maneira alguma, que a ciência e as ciências sociais, especialmente a economia, também sejam decisivas para a educação dos cidadãos. Mas ninguém está sugerindo que se abandonem esses estudos. Portanto, concentro minhas atenções naquilo que, ao mesmo tempo, é preciso e se encontra extremamente ameaçado.

Além do mais, quando exercidas em seu mais alto nível, essas outras disciplinas encontram-se impregnadas do que poderíamos chamar de espírito das humanidades: a busca do raciocínio crítico,

---

[2] Examinei essas competências pela primeira vez em *Citizens of the World: a Classical Defense of Reform in Liberal Education*. Cambridge, MA: Harvard University Press, 1997. Este livro se preocupa somente com os avanços do ensino superior nos Estados Unidos, e unicamente com a parcela exigida de "educação geral" do ensino superior.

das ideias ousadas, da compreensão empática das diferentes experiências humanas e da compreensão da complexidade do mundo em que vivemos. Nos últimos anos, o ensino de ciência concentrou-se, corretamente, em treinar as competências que favorecessem o raciocínio crítico, a análise lógica e a imaginação. Corretamente adotada, a ciência é amiga das humanidades, não sua inimiga. Embora o ensino adequado de ciência não seja um tema a que eu me dedique, um estudo concomitante sobre esse assunto representaria um complemento valioso ao meu foco nas humanidades[3].

Embora as tendências que eu deplore existam no mundo inteiro, vou concentrar-me em dois países que conheço bem: os Estados Unidos, onde vivo e ensino, e a Índia, onde meu trabalho de desenvolvimento global, em grande parte concentrado na educação, tem sido conduzido. Como a Índia conta com uma gloriosa tradição no ensino das humanidades e das artes, exemplificada na teoria e na prática do notável Tagore, vou apresentar suas ideias valiosas, as quais lançaram os alicerces de uma nação democrática e influenciaram enormemente o ensino democrático na Europa e nos Estados Unidos. Contudo, também vou falar a respeito do papel da educação nos projetos de alfabetização rural de mulheres e crianças hoje, em que o estímulo para capacitar por meio das artes continua sendo vital, e o efeito dessa capacitação sobre a democracia pode ser claramente percebido.

No que diz respeito aos Estados Unidos, minha argumentação vai abarcar muitos exemplos de experiências educacionais, do uso do autoexame socrático em diferentes tipos de escola ao papel das sociedades artísticas no preenchimento de lacunas no currículo da escola pública. (A extraordinária história do Coral das Crianças de Chicago, no capítulo 6, oferece um detalhado estudo de caso.)

A educação não acontece somente na escola. A maioria das características que representam meu foco de estudo também deve ser estimulada na família, tanto nos primeiros anos da criança

---

[3] Um projeto valioso cujo foco são os ingredientes do ensino básico de ciência é o Project Kaleidoscope, <www.pkal.org>.

como à medida que elas amadurecem. Parte de uma abordagem de política pública abrangente das questões que este manifesto levanta deve incluir a discussão sobre como apoiar as famílias na tarefa de desenvolver as capacidades das crianças. A cultura de grupo que nos cerca e a cultura mais ampla das normas sociais e das instituições políticas também desempenham um papel importante, seja apoiando, seja subvertendo o trabalho feito pela escola e pela família. No entanto, justifica-se o foco em escolas, faculdades e universidades porque é nessas instituições que as transformações mais perniciosas têm ocorrido, à medida que a pressão pelo crescimento econômico leva a mudanças no currículo, no ensino e no financiamento. Se tivermos consciência de que estamos tratando apenas de uma parte da história do desenvolvimento dos cidadãos, poderemos perseguir esse objetivo sem nos enganarmos.

A educação não é útil apenas para a cidadania. Ela prepara as pessoas para o trabalho e, o que é fundamental, para uma vida que tenha sentido. Seria possível escrever outro livro inteiro sobre o papel das artes e das humanidades na promoção desses objetivos[4]. Não obstante, todas as democracias modernas representam sociedades em que o sentido e os objetivos fundamentais da vida humana são temas de razoável discordância entre cidadãos que defendem pontos de vista religiosos e seculares muito distintos; e esses cidadãos vão discordar, naturalmente, sobre até que ponto os diversos tipos de educação humanista atendem a seus objetivos pessoais. Pode-se concordar que os jovens do mundo inteiro, de qualquer país que tenha a sorte de ser democrático, precisam se tornar adultos para participar de uma forma de governo em que a população se informa acerca dos temas decisivos dos quais vai tratar como eleitores e, às vezes, como funcionários públicos eleitos ou indicados. Toda democracia moderna é também uma sociedade na qual as pessoas se diferenciam bastante segundo um grande

---

[4] Sobre educação e vidas florescentes, ver Harry Brighouse, *On Education*. Nova York: Routledge, 2006; o relatório LEAP (supra, n. 1); e a discussão afim sobre o autodesenvolvimento em Kwame Anthony Appiah, *The Ethics of Identity*. Princeton: Princeton University Press, 2005.

número de parâmetros, entre eles religião, etnia, riqueza e classe, incapacidade física, gênero e sexualidade, e na qual todos os eleitores fazem escolhas que têm um impacto significativo na vida das pessoas que discordam deles. Um modo de avaliar qualquer sistema educacional é perguntar quão bem ele prepara os jovens para viver numa forma de organização social e política com essas características. Sem o apoio de cidadãos adequadamente educados, nenhuma democracia consegue permanecer estável.

Devo dizer que a capacidade refinada de raciocinar e refletir criticamente é crucial para manter as democracias vivas e bem vigilantes. Para permitir que as democracias lidem de modo responsável com os problemas que enfrentamos atualmente como membros de um mundo interdependente é crucial ter a capacidade de refletir de maneira adequada sobre um amplo conjunto de culturas, grupos e nações no contexto de uma compreensão da economia global e da história de inúmeras interações nacionais e grupais. E a capacidade de imaginar a experiência do outro – uma capacidade que quase todos os seres humanos possuem de alguma forma – precisa ser bastante aumentada e aperfeiçoada, se quisermos ter alguma esperança de sustentar instituições decentes que fiquem acima das inúmeras divisões que qualquer sociedade moderna contém.

O interesse nacional de qualquer democracia moderna exige uma economia sólida e uma cultura empresarial próspera. À medida que eu desenvolver minha argumentação principal, defenderei, de forma complementar, que esse interesse econômico também exige que recorramos às humanidades e às artes a fim de promover um ambiente administrativo responsável e cauteloso e uma cultura de inovação criativa. Portanto, não somos obrigados a escolher entre um modelo de educação que promova o lucro e outro que promova a cidadania plena. Como uma economia próspera exige as mesmas competências que servem de suporte à cidadania, os defensores do que chamarei de "educação para o lucro" ou "educação para o crescimento econômico" adotaram uma concepção pobre do que é necessário para alcançar seus próprios objetivos. No entanto, uma vez que a economia sólida é um instrumento para alcançar objetivos humanos, e não um objetivo em si, esse argumento deve estar subordinado ao argumento que diz respeito à estabilidade das instituições democráticas. A maioria de nós não gostaria de viver numa nação próspera que tivesse deixado de ser democrática. Além disso, embora seja evidente que uma sólida cultura empresarial precisa de algumas pessoas criativas e críticas, não é evidente que ela precise que toda a população do país adquira essas competências. A participação democrática traz exigências mais amplas, e são estas que meu argumento central apoia.

Nenhum sistema educacional funciona bem se seus benefícios só alcançam as elites abastadas. O acesso a um ensino de qualidade é uma questão premente em todas as democracias modernas. O Relatório da Comissão Spellings deve ser elogiado por se concentrar nesse problema. É uma vergonha que os Estados Unidos, uma nação rica, se caracterizem há tanto tempo por oferecer um acesso tão desigual ao ensino fundamental e médio e, especialmente, ao ensino superior. Muitos países em desenvolvimento apresentam disparidades de acesso ainda maiores: na Índia, por exemplo, o índice de alfabetização masculina é de apenas 65%, e o de alfabetização feminina, por volta de 50%. As disparidades entre o campo e a cidade são maiores. No ensino médio e superior as disparidades são ainda mais impressionantes – entre homens e mulheres, ricos e pobres, habitantes do campo e da cidade. A vida das crianças que crescem sabendo que vão frequentar uma universidade e até mesmo fazer uma pós-graduação é absolutamente diferente da vida das crianças que, em muitos casos, não têm nem a oportunidade de frequentar uma escola. Muitos países têm realizado um grande esforço para enfrentar esse problema. Esse, contudo, não é o tema deste livro.

Este livro trata do que deveria ser o objeto de nossa luta. Enquanto esse objeto não ficar claro para nós, será difícil vislumbrar como levá-lo até aqueles que precisam dele.

II. Educação para o lucro, educação para a democracia

Nós, o Povo dos Estados Unidos, a fim de formar uma União mais perfeita, estabelecer a Justiça, assegurar a Tranquilidade interna, prover a defesa comum, promover o Bem-estar geral e garantir para nós e para os nossos descendentes os Benefícios da Liberdade, promulgamos e estabelecemos esta Constituição para os Estados Unidos da América.

— Preâmbulo, *Constituição dos Estados Unidos*, 1787

NÓS, O POVO DA ÍNDIA, tendo solenemente decidido a... garantir a todos os seus cidadãos:
JUSTIÇA, econômica e política;
LIBERDADE de pensamento, expressão, crença, fé e adoração;
IGUALDADE de condição e de oportunidade
e de promover entre todos
FRATERNIDADE, assegurando a dignidade de cada indivíduo e a unidade e a integridade da Nação;
NA NOSSA ASSEMBLEIA CONSTITUINTE neste vigésimo sexto dia de Novembro de 1949, AQUI ADOTAMOS, DECRETAMOS E DAMOS A NÓS MESMOS ESTA CONSTITUIÇÃO.

— Preâmbulo, *Constituição da Índia*, 1949

A educação deve visar à plena expansão da personalidade humana e ao reforço dos direitos do Homem e das liberdades fundamentais e deve favorecer a compreensão, a tolerância e a amizade entre todas as nações e todos os grupos raciais ou religiosos.

— *Declaração Universal dos Direitos Humanos*, 1948

Para pensar sobre a educação para uma cidadania democrática, temos de pensar sobre o que são as nações democráticas e pelo que elas lutam. O que significa, então, para um país, progredir? De determinado ponto de vista, significa aumentar seu produto interno bruto per capita. Essa medida do desempenho nacional tem sido, há décadas, o principal critério utilizado por economistas desenvolvimentistas de todo o mundo, como se ela representasse adequadamente a qualidade de vida geral de uma nação.

De acordo com esse modelo de desenvolvimento, o objetivo da nação deve ser o crescimento econômico. Esqueça a igualdade distributiva e social, esqueça os pré-requisitos necessários de uma democracia estável, esqueça a qualidade das relações raciais e de gênero, esqueça o aperfeiçoamento de outros aspectos da qualidade de vida do ser humano que não estejam completamente ligados ao crescimento econômico. (Estudos empíricos já demonstraram que não existe uma correlação significativa entre liberdade política, saúde e educação, de um lado, e crescimento, de outro[1].) Um sinal do que esse modelo deixa de fora é o fato de que, durante o apartheid, a África do Sul costumava ocupar o topo dos índices de desenvolvimento. A antiga África do Sul era muito rica, e o antigo modelo de desenvolvimento premiava essa proeza (ou boa sorte), ignorando as inacreditáveis desigualdades distributivas, o brutal regime do apartheid e as deficiências em saúde e educação que o acompanhavam.

Embora rejeitado hoje por muitos pensadores desenvolvimentistas sérios, esse modelo de desenvolvimento continua a do-

---

[1] Isso foi demonstrado de modo especialmente claro por Jean Drèze e Amartya Sen, *India: Development and Participation*. Nova York e Oxford: Oxford University Press, 2002; e na primeira edição, que tem o título de *India: Social Development and Economic Opportunity*. Nova York e Oxford: Oxford University Press, 1996. Os dados têm origem em estudos de diferentes estados indianos que adotaram políticas diferentes, algumas favorecendo o crescimento econômico sem um apoio direto à saúde e à educação, outras favorecendo a ação governamental direta em apoio à saúde e à educação (que a Constituição indiana delega aos estados). Os estudos de campo estão reunidos em J. Drèze e A. Sen (orgs.), *Indian Development: Selected Regional Perspectives*. Déli, Nova York e Oxford: Oxford University Press, 1997.

minar um grande número de políticas governamentais, especialmente aquelas influenciadas pelos Estados Unidos. Embora o Banco Mundial tenha feito alguns progressos louváveis sob a direção de James Wolfensohn, ao admitir uma concepção de desenvolvimento mais elaborada, as coisas pioraram muito; quanto ao Fundo Monetário Internacional, nunca conheceu o tipo de progresso experimentado pelo Banco Mundial sob a direção de Wolfensohn. Um grande número de nações, e de estados no interior das nações, está adotando esse modelo de desenvolvimento. A Índia mostra-se hoje um importante laboratório de tais experiências, na medida em que alguns estados (Gujarat e Andhra Pradesh) buscaram o desenvolvimento econômico por meio de investimentos externos, pouco fazendo pela saúde, pela educação e pela condição dos pobres da zona rural, enquanto outros estados (Kerala, Déli e, até certo ponto, Bengala Ocidental) adotaram estratégias mais igualitárias, tentando assegurar que a saúde e a educação estejam disponíveis para todos, que a infraestrutura se desenvolva de forma que atenda a todos e que o investimento esteja ligado à criação de empregos para os mais pobres.

Os defensores do antigo modelo gostam de afirmar às vezes que a adoção do desenvolvimento econômico trará, por si só, as outras coisas boas que mencionei: saúde, educação e diminuição da desigualdade social e econômica. Até o momento, contudo, analisando os resultados dessas experiências divergentes, descobrimos que, na verdade, o antigo modelo não cumpre o prometido. Por exemplo, as conquistas em saúde e educação têm muito pouco a ver com o crescimento econômico[2]. A liberdade política também não é um indicador de crescimento, como podemos ver pelo estonteante sucesso da China. Portanto, produzir crescimento econômico não significa produzir democracia. Nem significa criar uma população saudável, participativa e educada em que as oportunidades de uma vida boa estejam ao alcance de todas as classes sociais. No entanto, hoje em dia todo mundo é a favor do cresci-

---

[2] Ver J. Drèze e A. Sen, *India: Development and Participation*, op. cit.

mento econômico, e a tendência, se é que existe alguma, é no sentido de confiar cada vez mais no "velho paradigma", em vez de procurar fazer um balanço mais complexo do que as sociedades deveriam tentar conquistar para sua população. Essas tendências nocivas foram recusadas recentemente nos dois países que são meu objeto de análise. Ao escolher o governo Obama, os eleitores americanos optaram por um grupo comprometido com um sistema de saúde mais igualitário e com um nível maior de atenção à questão de acesso igual às oportunidades em termos gerais. Na Índia, em maio último, num resultado surpreendente, os eleitores praticamente conferiram a maioria ao Partido do Congresso, que tem combinado reformas econômicas moderadas com um forte comprometimento com a população rural pobre[3]. No entanto, em nenhum desses dois países as políticas foram suficientemente repensadas tendo em vista, nitidamente, conceitos de desenvolvimento humano. Desse modo, não fica claro que algum deles tenha realmente adotado um paradigma de desenvolvimento humano em vez de um paradigma voltado para o crescimento adaptado à distribuição.

Contudo, ambas as nações possuem constituições escritas, e, em ambas, a Constituição protege dos caprichos da maioria um conjunto de direitos fundamentais que não podem ser abolidos, mesmo que seja para obter uma grande vantagem econômica. Os dois países protegem uma série de direitos políticos e civis, e ambos asseguram que todos os cidadãos recebam a mesma proteção da lei, independentemente de raça, gênero ou credo religioso. A lista da Índia, maior que a dos Estados Unidos, também inclui ensino fundamental e médio obrigatório gratuito, e o direito de não ser obrigado a viver em condições desesperadoras (uma vida compatível com a dignidade humana)[4]. Embora a Constituição federal

---

[3] Como a Constituição indiana prevê que os empregos na saúde e na educação sejam de responsabilidade dos estados, o governo federal consegue influenciar apenas indiretamente o desenvolvimento nessas áreas.
[4] Embora o artigo 21 da Constituição indiana só fale em "vida e liberdade", "vida" tem sido interpretada como "vida compatível com a dignidade humana". A Constituição da África do

americana não assegure o direito à educação, um grande número de constituições estaduais o faz, e muitas acrescentam outras cláusulas relativas ao bem-estar social. De modo geral, temos o direito de concluir que tanto os Estados Unidos como a Índia rejeitaram a ideia de que uma nação age corretamente quando apenas se esforça para maximizar o crescimento econômico. É muito estranho, então, que figuras importantes de ambos os países preocupadas com a educação continuem a se comportar como se o único objetivo da educação fosse o crescimento econômico.

No contexto do antigo paradigma do que significa para uma nação se desenvolver, o que todos dizem é que precisamos de uma educação que promova o desenvolvimento nacional entendido como crescimento econômico. Com foco no ensino superior, o Relatório da Comissão Spellings do Ministério da Educação fez, recentemente, um esboço do que seria essa educação. Ele está sendo aplicado por muitas nações europeias, que conferem notas altas a universidades técnicas e a departamentos técnicos de universidades e impõem cortes draconianos às humanidades. Isso é fundamental para as discussões sobre educação que acontecem hoje na Índia, assim como na maioria dos países em desenvolvimento que estão tentando ficar com uma fatia maior do mercado mundial.

Os Estados Unidos nunca tiveram um modelo de educação voltado para o crescimento que fosse puro. Alguns aspectos inconfundíveis – e hoje tradicionais – do nosso sistema resistem positivamente a ser classificados nesses termos. À diferença de quase todas as nações do mundo, nós temos um modelo de ensino superior baseado nas artes liberais[5]. Em vez de entrar na universidade

---

Sul, contudo, avançou muito mais, dando um formato constitucional aos direitos sociais básicos.

[5] Nos Estados Unidos, refere-se ao conjunto de estudos e disciplinas que fornece conhecimentos, métodos e competências intelectuais em geral. Eles integram o currículo do bacharelado em artes (BA), curso de graduação com quatro anos de duração. O curso contém matérias obrigatórias e optativas nas seguintes disciplinas: comunicação, quantificação, ciências naturais, ciências sociais, história, humanidades, língua estrangeira e diversidade cultural. (N. T.)

para estudar um único assunto, exige-se que os alunos cursem uma grande variedade de disciplinas durante os dois primeiros anos, entre as quais se destacam os cursos de humanidades. Esse modelo de ensino superior influencia o ensino médio. Ninguém é forçado a trilhar cedo demais um caminho não humanista, seja ele puramente científico ou puramente vocacional, nem as crianças cujo principal foco de interesse são as humanidades perdem totalmente o contato com as ciências num estágio inicial. Nem a ênfase nas artes liberais é um vestígio de elitismo ou de diferença de classe. Desde o início, os principais educadores americanos ligaram as artes liberais à formação de cidadãos democráticos informados, independentes e compreensivos. Embora o modelo das artes liberais ainda seja relativamente forte, hoje, quando enfrentamos um período de dificuldade econômica, ele está sendo muito pressionado.

Outro aspecto da tradição educacional americana que se recusa teimosamente a ser assimilado pelo modelo voltado para o crescimento é a ênfase característica na participação ativa da criança por meio de perguntas e questionamentos. Esse modelo de aprendizado, associado a uma longa tradição filosófica ocidental de teorizar sobre a educação que vai de Jean-Jacques Rousseau, no século XVIII, a John Dewey, no século XX, inclui educadores famosos como Friedrich Froebel, na Alemanha, Johann Pestalozzi, na Suíça, Bronson Alcott, nos Estados Unidos, e Maria Montessori, na Itália. Examinaremos mais profundamente suas ideias no capítulo 4. Essa tradição defende que a educação não significa apenas assimilar passivamente as tradições culturais, mas desafiar a mente para que, em um mundo complexo, ela se torne ativa, competente e cuidadosamente crítica. Esse modelo de educação superou o modelo mais antigo, no qual as crianças ficavam imóveis na carteira o dia inteiro, simplesmente absorvendo – e depois devolvendo – o material que lhes tinha sido apresentado. O conceito de aprendizado ativo, que em geral inclui um amplo compromisso com o raciocínio crítico e a argumentação que remonta a Sócrates, influenciou profundamente o ensino fundamental e, até certo ponto, o ensino médio americanos. E, apesar da pressão cada vez maior sobre as escolas para que produzam o tipo de aluno que pode se sair bem numa prova-padrão, essa influência ainda persiste.

Embora pretenda discutir essas teorias posteriormente, eu as estou introduzindo agora para mostrar que é pouco provável que encontremos um exemplo puro de ensino voltado para o crescimento econômico nos Estados Unidos – *até agora*. A Índia está mais perto disso; pois, apesar da ampla influência de Tagore, que tentou construir sua escola em torno das noções de raciocínio crítico e imaginação compreensiva, e fundou uma universidade construída em torno de um modelo interdisciplinar de artes liberais, hoje as universidades indianas, como as europeias, estão estruturadas em torno do assunto único em vez do paradigma das artes liberais. A universidade de Tagore, Visva-Bharati (que significa "Todo-o-Mundo"), passou para o controle do governo, e hoje é igual a qualquer outra universidade baseada no modelo do assunto único, cujo objetivo, em grande medida, é causar impacto no mercado. Também faz tempo que a escola de Tagore deixou de definir os objetivos do ensino fundamental e do ensino médio. O aprendizado ativo socrático e a pesquisa por meio das artes foram rejeitados em favor de uma pedagogia conteudista voltada para os exames nacionais padronizados. O próprio modelo de aprendizado que Tagore (junto com os europeus e americanos mencionados por mim) repudiava veementemente – no qual os alunos ficam sentados passivamente na carteira enquanto os professores e os livros didáticos apresentam o material a ser assimilado de maneira acrítica – é uma realidade presente em todas as escolas públicas indianas. Quando imaginamos com o que se pareceria a educação voltada para o crescimento econômico, buscada sem que se dê atenção a outros objetivos, é provável que cheguemos a algo relativamente próximo daquilo que as escolas públicas indianas normalmente oferecem.

Não obstante, como nosso objetivo é entender um modelo que tem influência no mundo inteiro e não descrever um sistema escolar específico num país específico, vamos simplesmente colocar as questões de forma abstrata.

Que tipo de educação o modelo antigo de desenvolvimento preconiza? A educação voltada para o crescimento econômico exige competências básicas, que a pessoa seja alfabetizada e tenha noções básicas de aritmética. Também precisa que algumas pessoas tenham conhecimentos mais avançados de informática e tecnologia. A igualdade de acesso, porém, não é extremamente importante; um país pode muito bem crescer enquanto os camponeses pobres continuam analfabetos e sem dispor dos recursos básicos de informática, como demonstram os acontecimentos recentes em muitos estados indianos. Em estados como Gujarat e Andhra Pradesh, assistimos ao aumento do PIB per capita por meio da educação de uma elite técnica, o que torna o estado atraente para os investidores externos. Os resultados desse crescimento não se refletiram na melhora da saúde e das condições de vida dos camponeses pobres, e não existe nenhum motivo para pensar que o crescimento econômico exija que eles recebam uma educação adequada. Esse foi sempre o principal e mais importante problema do paradigma de desenvolvimento baseado no PIB per capita. Ele não dá importância à distribuição, e pode avaliar positivamente países ou estados em que os níveis de desigualdade são alarmantes. É o que ocorre com a educação: dada a natureza da economia da informação, os países podem aumentar o PIB sem se preocupar muito com o acesso à educação, desde que criem uma elite tecnológica e empresarial competente.

Percebemos aqui outro aspecto em que os Estados Unidos tradicionalmente divergiram, ao menos teoricamente, do paradigma do crescimento econômico. Na tradição americana do ensino público, as ideias de oportunidade e acesso iguais para todos, embora nunca fossem de fato muito práticas, sempre foram objetivos teóricos defendidos até mesmo por políticos mais focados no crescimento, como os autores do Relatório Spellings.

Além das competências básicas para muitos e das competências mais avançadas para alguns, a educação voltada para o crescimento econômico precisa de um conhecimento bastante rudimentar da história e da realidade econômica – em primeiro lugar, por parte das pessoas que vão estudar além do ensino elementar e que poderão se transformar numa elite relativamente pequena. Porém, é preciso tomar cuidado para evitar que a narrativa histórica e econômica não leve a nenhuma reflexão crítica sobre classe, raça e gênero ou que ponha em dúvida se o investimento externo beneficia, de fato, os camponeses pobres e se a democracia pode sobreviver quando subsistem enormes desigualdades nas oportunidades básicas de vida. Portanto, o raciocínio crítico não seria uma parte muito importante da educação voltada para o crescimento econômico; e, em estados que buscaram incansavelmente esse objetivo, como o estado de Gujarat, na Índia ocidental, conhecido por combinar sofisticação tecnológica com subserviência e pressão de grupo, ele não tem sido. Se o que se deseja é um conjunto de trabalhadores obedientes tecnicamente treinados para executar os projetos de elites que visam o investimento externo e o desenvolvimento tecnológico, a liberdade de pensamento dos alunos é perigosa. O raciocínio crítico, então, será desestimulado – como há tanto tempo tem acontecido nas escolas públicas de Gujarat.

Como disse, a história pode ser fundamental. Porém, os educadores comprometidos com o crescimento econômico não desejam que o estudo da história tenha como foco as injustiças de classe, de casta, de gênero e de filiação étnico-religiosa, porque isso vai estimular o raciocínio crítico sobre o presente. Nem tais educadores querem que se faça qualquer reflexão séria sobre o avanço do nacionalismo, sobre os prejuízos causados pelos ideais nacionalistas e sobre o modo pelo qual muitas vezes os conceitos éticos ficam anestesiados sob a influência da autoridade técnica – temas estes desenvolvidos com um pessimismo sarcástico por Rabindranath Tagore em *Nationalism*, conjunto de conferências proferidas durante a Primeira Guerra Mundial ignorado na Índia de hoje, apesar da fama universal de Tagore como autor que ganhou o Prêmio Nobel[6]. Assim, a versão histórica a ser apresentada mostrará a atual ambição nacional, especialmente a ambição por riqueza,

[6] Rabindranath Tagore, *Nationalism*. Nova York: Macmillan, 1917.

como algo muito bom, minimizando os temas da pobreza e da responsabilidade global. Uma vez mais, é fácil encontrar exemplos concretos desse tipo de educação.

Um exemplo evidente dessa abordagem histórica pode ser encontrado nos livros didáticos produzidos pelo BJP, o partido político nacionalista hindu da Índia, que também segue agressivamente uma pauta de desenvolvimento baseada no crescimento econômico. Esses livros (que, felizmente, foram recolhidos depois que o BJP deixou o poder em 2004) desestimulavam totalmente o raciocínio crítico, e nem mesmo forneciam material para que ele pudesse ser exercido. Eles apresentavam a história da Índia como uma história acrítica de triunfo material e cultural em que todos os problemas eram causados por estrangeiros e por "elementos estranhos" internos. Era praticamente impossível criticar as injustiças do passado da Índia devido ao conteúdo do material e à pedagogia sugerida (por exemplo, as perguntas no fim de cada capítulo), que desestimulavam o questionamento ponderado e estimulavam a assimilação e o regurgitamento. Pedia-se simplesmente que os alunos absorvessem uma história de bondade inatacável, deixando de lado todas as desigualdades de casta, gênero e religião.

As questões referentes ao desenvolvimento contemporâneo também eram apresentadas com ênfase na importância capital do crescimento econômico e na insignificância relativa da igualdade de distribuição. Dizia-se aos alunos que o que importava era a situação da *média* das pessoas (não, por exemplo, como os menos privilegiados viviam). E chegava-se a estimulá-los a se considerarem como partes de uma grande coletividade que está progredindo, e não como pessoas independentes com direitos independentes: "No desenvolvimento social, todo benefício que um indivíduo obtém ele o obtém somente como um ser coletivo."[7] Essa norma controvertida (que dá a entender que, se o país está bem, então

---

[7] Para uma descrição detalhada, com referências e citações, ver M. Nussbaum, *The Clash Within: Democracy, Religious Violence, and India's Future*. Cambridge, MA: Harvard University Press, 2007, cap. 8.

você também deve estar bem, mesmo que seja extremamente pobre e sofra uma série de privações) é apresentada aos alunos como uma verdade que eles devem memorizar e devolver nos exames nacionais obrigatórios.

É provável que a educação para o crescimento econômico apresente tais características em toda parte, já que a busca irrestrita do crescimento não favorece o ponto de vista sensível à distribuição ou à desigualdade social. (A desigualdade pode alcançar proporções espantosas, como aconteceu na antiga África do Sul, enquanto a nação cresce de maneira bastante satisfatória.) Na verdade, dar uma face humana à pobreza é como mostrar-se hesitante a respeito da busca do crescimento; pois o investimento externo muitas vezes precisa ser cortejado por meio de políticas que prejudicam fortemente os camponeses pobres. (Em muitas regiões da Índia, por exemplo, os trabalhadores agrícolas pobres controlam terras que são necessárias para a construção de fábricas; e, quando a terra é adquirida pelo governo, não é provável que sejam beneficiados – mesmo quando são compensados, eles geralmente não dispõem das competências exigidas para serem contratados nas novas indústrias que os desalojaram[8].)

E quanto às artes e à literatura, tantas vezes valorizadas pelos educadores democráticos? Antes de tudo, a educação para o crescimento econômico despreza essas áreas da educação da criança porque elas não parecem conduzir ao progresso pessoal ou ao progresso da economia nacional. Por essa razão, no mundo inteiro os cursos de artes e humanidades estão sendo eliminados de todos os níveis curriculares, em favor do desenvolvimento dos cursos técnicos. Os pais indianos orgulham-se do filho que é aceito nos institutos de tecnologia e administração, e se envergonham do filho que estuda literatura ou filosofia, ou que deseja pintar, dançar ou cantar. Os pais americanos também estão se movendo rapidamente nessa direção, apesar da longa tradição das artes liberais.

---

[8] Ver M. Nussbaum, "Violence on the Left: Nandigram and the Communists of West Bengal", *Dissent*, primavera 2008, pp. 27-33.

Porém, os educadores que defendem o crescimento econômico não se limitam a ignorar as artes: eles têm medo delas. Pois uma percepção refinada e desenvolvida é um inimigo especialmente perigoso da estupidez, e a estupidez moral é necessária para executar programas de desenvolvimento econômico que ignoram a desigualdade. É mais fácil tratar as pessoas como objetos manipuláveis se você nunca aprendeu outro modo de enxergá-las. Como disse Tagore, o nacionalismo agressivo precisa anestesiar a consciência moral; portanto, precisa de pessoas que não reconhecem o indivíduo, que repetem o que o grupo diz, que se comportam e veem o mundo como burocratas dóceis. A arte é uma grande inimiga dessa estupidez, e os artistas (a não ser que estejam completamente intimidados e corrompidos) não são servos confiáveis de nenhuma ideologia, mesmo que ela seja basicamente boa – eles sempre pedem que a imaginação ultrapasse seus limites habituais e veja o mundo de novas maneiras[9].

Por essa razão, os educadores que defendem o crescimento econômico fazem campanha contra a inclusão das humanidades e das artes no ensino fundamental. Essa investida acontece hoje no mundo inteiro.

Modelos puros de educação para o desenvolvimento econômico são difíceis de encontrar em democracias sólidas, uma vez que a democracia se baseia no respeito a cada pessoa e o modelo de crescimento só respeita o conjunto. Não obstante, os sistemas educacionais estão se aproximando cada vez mais do modelo de crescimento, sem se importar muito com sua inadaptabilidade aos objetivos da democracia.

O que mais podemos pensar do tipo de país e do tipo de cidadão que estamos tentando construir? A principal alternativa ao modelo baseado no crescimento nos círculos de desenvolvimento internacionais, e à qual tenho estado ligada, é conhecida como

---

[9] Assim, em Bengala Ocidental, foi a comunidade artística que se opôs primeiro e de forma mais decidida às políticas governamentais de expulsar os trabalhadores rurais de suas terras sem oferecer treinamento ou oportunidades de emprego. Ver ibid.

Paradigma do Desenvolvimento Humano. Segundo esse modelo, o importante são as oportunidades, ou "capacidades", que cada um tem em setores-chave que vão da vida, da saúde e da integridade física à liberdade política, à participação política e à educação. Esse modelo de desenvolvimento reconhece que todos os indivíduos possuem uma dignidade humana inalienável que precisa ser respeitada pelas leis e pelas instituições. Um país decente reconhece, no mínimo, que seus cidadãos possuem direitos nessas e em outras áreas e cria estratégias para fazer com que as pessoas fiquem acima do patamar mínimo de oportunidade em cada uma delas.

O Modelo de Desenvolvimento Humano está comprometido com a democracia, uma vez que poder opinar na escolha das políticas que governam sua própria vida é um ingrediente essencial de uma vida merecedora de dignidade humana. No entanto, o tipo de democracia que ele favorece será o que atribui um papel importante a direitos fundamentais que não possam ser retirados das pessoas por meio dos caprichos da maioria – assim, ele favorecerá uma firme proteção da liberdade política; a liberdade de palavra, de associação e de prática religiosa; e direitos fundamentais em outras áreas como educação e saúde. Esse modelo combina bem com as aspirações buscadas pela Constituição indiana (e pela da África do Sul). Os Estados Unidos nunca deram proteção constitucional, ao menos em nível federal, a direitos nas áreas "sociais e econômicas" como a da saúde e da educação; no entanto, os americanos também estão convencidos de que a capacidade que todos os cidadãos têm de alcançar esses direitos é um sintoma importante do êxito do país. Portanto, o Modelo de Desenvolvimento Humano não significa um falso idealismo; ele está estreitamente relacionado aos compromissos constitucionais, nem sempre plenamente cumpridos, de muitas (se não da maioria) das nações democráticas do mundo.

Se um país quiser favorecer esse tipo de democracia humana e sensível ao povo, dedicada a promover oportunidades de "vida, liberdade e busca da felicidade" a todos, que competências ele precisará gerar em seus cidadãos? As seguintes, pelo menos, parecem decisivas:

- Capacidade de raciocinar adequadamente a respeito de temas políticos que afetem a nação, de examinar, refletir, argumentar e debater, não se submetendo nem à tradição nem à autoridade.

- Capacidade de reconhecer seus concidadãos como pessoas com direitos iguais, mesmo que sejam diferentes quanto a raça, religião, gênero e orientação sexual: olhá-los com respeito, como fins, não apenas como ferramentas a serem manipuladas em proveito próprio.

- Capacidade de se preocupar com a vida dos outros, de compreender o que as diferentes políticas significam para as oportunidades e experiências dos diferentes tipos de concidadãos e para as pessoas que não pertencem a seu próprio país.

- Capacidade de conceber cabalmente diversos assuntos complexos que afetam a história da vida humana em seu desenvolvimento: refletir acerca da infância, da adolescência, das relações familiares, da doença, da morte e muito mais, de forma que se caracterize pela compreensão de um amplo conjunto de histórias humanas, não apenas pela reunião de informações.

- Capacidade de julgar criticamente os líderes políticos, mas com uma compreensão fundamentada e realista das possibilidades de que eles dispõem.

- Capacidade de pensar no bem da nação como um todo, não somente no bem de seu próprio grupo local.

- Por sua vez, capacidade de perceber seu próprio país como parte de um mundo complexo em que diferentes tipos de assunto exigem uma discussão transnacional inteligente para que sejam solucionados.

Embora não passe de um esboço, ao menos já é uma declaração inicial daquilo que necessitamos.

III. Educar os cidadãos:
os sentimentos morais (e antimorais)

O primeiro sentimento da criança é amar a si própria; e o segundo, que decorre do primeiro, é amar aqueles que se aproximam dela, pois, no estado de fragilidade em que se encontra, ela não reconhece ninguém exceto por meio da assistência e da ajuda que recebe.

– Jean-Jacques Rousseau, *Emílio: ou sobre a educação*,
Livro IV, 1762

Se democracia é maturidade, maturidade é saúde, e saúde é desejável, então queremos saber se é possível fazer algo para promovê-la.

– Donald Winnicott, "Thoughts on the Meaning of the Word Democracy", 1950

Educação é para gente. Antes de podermos planejar um sistema educacional, precisamos entender os problemas que enfrentamos para transformar alunos em cidadãos responsáveis que possam raciocinar e fazer uma escolha adequada a respeito de um grande conjunto de temas de importância nacional e internacional. O que tem a vida humana que faz com que seja tão difícil manter instituições democráticas baseadas no respeito de todos às lei e na proteção de todos pela lei, e seja tão fácil descambar em diferentes tipos de hierarquia – ou, ainda pior, em esquemas de violento ódio grupal? Que forças levam grupos poderosos a buscar o controle e a dominação? O que faz com que as maiorias tentem, de forma tão onipresente, denegrir ou estigmatizar as minorias? Sejam quais forem essas forças, é contra elas que, em última análise, a verdadeira educação pela cidadania responsável nacional e internacional deve lutar. E ela deve lutar utilizando todos os recursos da personalidade humana que ajudem a democracia a vencer a hierarquia.

Nós, americanos, às vezes ouvimos dizer que o mal é algo que, na maioria dos casos, existe fora de nós. Vejam a construção retórica do "eixo do mal" que ameaça nossa bondosa nação. As pessoas acham reconfortante ver a si próprias como se estivessem envolvidas num "choque de civilizações" titânico em que nações democráticas virtuosas se opõem a religiões e culturas perversas de outras regiões do mundo. A cultura popular costuma alimentar esse modo de ver o mundo ao dizer que os problemas dos personagens bons terminam com a morte de alguns "bandidos". As culturas não ocidentais não estão imunes a essas maneiras perniciosas de raciocinar. Por exemplo, há muito tempo que a direita hindu da Índia tem retratado o país como se ele estivesse imobilizado na luta entre as forças boas e puras do hinduísmo e um conjunto de "elementos externos" perigosos (referindo-se aos muçulmanos e aos cristãos, embora ambos os grupos não sejam menos nativos do subcontinente do que os hindus)[1]. Nesse processo, eles registraram a cultura popular, recontando lendas clássicas épicas, em versões populares para a televisão, de maneira que retira toda a complexidade da descrição dos personagens "bons" e "maus" e estimula os telespectadores a identificar o personagem "mau" com a ameaça muçulmana contemporânea[2].

[1] A história das línguas indo-europeias mostra que é quase certo que os hindus tenham migrado para a Índia do exterior. (Se houvesse algum povo genuinamente nativo, seria o povo dravidiano, do sul da Índia.) Posteriormente, os muçulmanos e os cristãos chegaram do exterior, em pequenos grupos, mas o grosso dos muçulmanos e cristãos indianos é de convertidos do hinduísmo. De qualquer modo, a ideia de que a data de chegada de alguém a um lugar – 1500 a.C., digamos, em vez de 1600 a.C. – lhe dá o direito de reivindicar mais direitos de cidadania deve ser vigorosamente rejeitada.
[2] Ver minha análise das versões televisadas do *Mahabharata* e do *Ramayana* em *The Clash Within*, cap. 5. Para uma utilização completamente diferente do *Mahabharata*, voltada

Tais mitos de pureza, contudo, são enganadores e perniciosos. Nenhuma sociedade é "pura", e o "choque de civilizações" existe no interior de cada sociedade. Toda sociedade traz em si pessoas que estão preparadas para conviver com os outros em termos de respeito mútuo e de reciprocidade e pessoas que buscam o conforto da dominação. Precisamos compreender como produzir mais cidadãos do primeiro tipo e menos do segundo. Imaginar, falsamente, que nossa própria sociedade é internamente pura só serve para alimentar a agressão contra os estrangeiros e a cegueira com relação à agressão contra os nacionais.

Como as pessoas se tornam suscetíveis ao respeito e à igualdade democrática? O que as faz buscar a dominação? Para responder a tais perguntas, precisamos examinar o "choque de civilizações" em um nível mais profundo, entendendo as forças existentes dentro de cada pessoa que militam contra o respeito mútuo e a reciprocidade, bem como as forças que apoiam vigorosamente a democracia. Mahatma Gandhi, um dos líderes políticos democráticos mais criativos do mundo e um dos principais arquitetos de uma Índia independente e democrática, compreendia muito bem que a luta política pela liberdade e pela igualdade deve, antes de tudo, ser uma luta interna de cada um, tal como a compaixão e o respeito lutam contra o medo, a ganância e a agressividade narcisista. Ele chamou a atenção inúmeras vezes para a relação entre o equilíbrio psicológico e o equilíbrio político, argumentando que o desejo ganancioso, a agressividade e a ansiedade narcisista são forças inimigas da construção de uma nação livre e democrática.

O choque interior de civilizações pode ser percebido em muitas lutas em torno da inclusão e da igualdade que têm lugar nas sociedades modernas: debates sobre a imigração; sobre a adaptação de minorias religiosas, raciais e étnicas; sobre a igualdade de gênero; sobre a orientação sexual; sobre a ação afirmativa. Em to-

---

para uma reflexão social contemporânea, ver o maravilhoso livro de Gurcharan Das, *The Difficulty of Being Good: on the Subtle Art of Dharma*. Déli: Penguin, 2009; Londres: Penguin, 2010; Nova York: Oxford University Press, 2010. Um perfil de Das aparece no capítulo 2 de meu livro *The Clash Within*.

das as sociedades, esses debates causam ansiedade e agressividade; em todas, também, existem forças que defendem a compaixão e o respeito. Embora estruturas sociais e políticas específicas tenham uma grande influência no resultado dessas lutas, seria bom que pelo menos tentássemos trabalhar uma narrativa da infância do ser humano que fosse amplamente compartilhada, a fim de situar dentro dela problemas e recursos que as instituições e as normas sociais podem desenvolver mais ou inibir[3]. A definição dos detalhes de qualquer relato como esse é uma questão que deve ser objeto de pesquisa e discussão constantes; o exame de possíveis pontos de intervenção é algo igualmente complexo. Contudo, é preciso começar por algum lugar; como muitas propostas educacionais não explicitam uma psicologia do desenvolvimento humano, não fica claro quais problemas precisam ser solucionados ou de que recursos dispomos para solucioná-los.

O bebê humano nasce, indefeso, em um mundo que ele não construiu e que não controla. As primeiras experiências do bebê consistem numa alternância turbulenta entre uma completude feliz, na qual o mundo inteiro parece girar em torno da satisfação de seus desejos – como no útero –, e uma consciência angustiante de impotência, quando as coisas boas não acontecem no momento desejado e o bebê não pode fazer nada para assegurar que elas aconteçam. Os seres humanos possuem um nível de impotência física desconhecido no resto do reino animal – junto com um nível muito alto de sofisticação cognitiva. (Por exemplo, hoje sabemos que mesmo um bebê com uma semana de vida é capaz de diferenciar entre o cheiro do leite de sua mãe e o do leite de outra mãe.) Para entender o que significa o "choque interior" é preciso refletir acerca desta narrativa *sui generis*: a estranha combinação, nos seres humanos, de capacidade e impotência; nossa relação problemática com a impotência, a mortalidade e a finitude; nosso

---

[3] Faço uma argumentação detalhada em defesa desse relato em M. Nussbaum, *Upheavals of Thought: the Intelligence of Emotions*. Cambridge: Cambridge University Press, 2001, cap. 4.

desejo permanente de transcender condições que, para qualquer ser inteligente, são dolorosas de aceitar.

À medida que crescem, embora fiquem cada vez mais conscientes do que acontece com eles, não há nada que os bebês possam fazer. A expectativa de ser atendido sempre – a "onipotência infantil", que Freud resumiu tão bem na expressão "Sua Majestade, o bebê" – mistura-se com a ansiedade, e a vergonha, de saber que ele não é, de fato, onipotente, mas completamente impotente. Da ansiedade e da vergonha surge um desejo urgente de completude e de plenitude que nunca vai embora completamente, apesar de muitas crianças aprenderem que elas são apenas uma parte de um mundo de seres finitos carentes. E esse desejo de transcender a vergonha da incompletude provoca muita instabilidade e risco psicológico.

Para o bebê que se encontra nesse estágio inicial de vida, as outras pessoas não são inteiramente reais; são apenas instrumentos que trazem, ou não, as coisas de que ele precisa. O bebê realmente gostaria de transformar os pais em escravos, a fim de controlar as forças que suprem suas necessidades. Jean-Jacques Rousseau, em sua grande obra sobre a educação, *Emílio*, enxergou no desejo das crianças de escravizar os pais o início de um mundo hierárquico. Embora não considerasse que as crianças fossem más por natureza – na verdade, ele ressaltou seus instintos naturais de amor e compaixão –, Rousseau compreendeu que a própria fragilidade e carência do bebê humano dão origem a uma dinâmica que pode criar uma deformação ética e um comportamento cruel, a menos que o narcisismo e a tendência de dominar sejam canalizados num sentido mais produtivo.

Mencionei a vergonha que as crianças sentem diante de sua impotência – a incapacidade de alcançar a completude feliz que, em determinados momentos, elas são levadas a esperar[4]. A essa vergonha, que podemos chamar de "vergonha primitiva", vem se juntar outro sentimento muito poderoso: o nojo diante dos pró-

---

[4] Para uma análise mais ampla tanto da vergonha como do nojo, ver M. Nussbaum, *Hiding from Humanity: Disgust, Shame, and the Law*. Princeton: Princeton University Press, 2004.

prios resíduos corporais. Como a maioria dos sentimentos, o nojo tem uma base evolutiva inata; mas ele também implica o aprendizado, e este só aparece na época do treinamento do uso do banheiro, quando as capacidades cognitivas da criança estão bem amadurecidas. Portanto, a sociedade dispõe de bastante espaço para influenciar o rumo que ela vai tomar. Pesquisa recente sobre o nojo mostrou que ele não é simplesmente visceral; tem um forte componente cognitivo, que inclui noções de contaminação ou aviltamento. Psicólogos experimentais concluíram que, com o nojo, rejeitamos como sendo contaminadoras as coisas – fezes, outros resíduos corporais, além do cadáver – que são a prova de nossa própria animalidade e mortalidade, e, portanto, de nossa impotência em questões importantes. Psicólogos experimentais que trabalharam com o nojo concordam que, ao nos distanciarmos desses resíduos, estamos controlando a ansiedade de contermos e, em última análise, de nós próprios sermos resíduos, e, portanto, animais e mortais[5].

Descrito dessa maneira, parece que o nojo pode nos dar uma orientação adequada, uma vez que a aversão a fezes e cadáveres provavelmente é útil, como uma heurística tosca para evitar o perigo. Embora o nojo capte o senso de perigo de maneira muito imperfeita – muitas substâncias perigosas da natureza não são nojentas e muitas coisas nojentas são inofensivas –, é sensato evitar leite que cheira mal, além de ser mais fácil do que testar toda vez no laboratório[6]. Contudo, o nojo logo começa a ser de fato prejudicial quando se junta ao narcisismo básico das crianças. Um modo eficaz de se distanciar completamente da própria animalidade é projetar suas características – mau cheiro, limosidade e viscosidade – em algum grupo de pessoas, e então tratá-las como contaminadoras ou aviltantes, transformando-as numa subclasse e, na verdade, numa fronteira, ou numa zona-tampão, entre o indivíduo ansioso e as características temidas e estigmatizadas da

---

[5] Ver referência em ibid. à obra experimental de Paul Rozin, Jonathan Haidt e outros.
[6] As experiências de Rozin deixam clara a diferença entre o nojo e a noção de perigo.

animalidade. As crianças começam a fazer isso muito cedo, identificando algumas crianças como sujas ou aviltantes. Um exemplo disso é a conhecida brincadeira de criança que usa um papel dobrado chamado de "pega piolho" para "pegar" bichos supostamente repugnantes, ou "piolhos", das crianças impopulares que são estigmatizadas como sujas e nojentas.

Enquanto isso, as crianças aprendem com a sociedade adulta que as rodeia, a qual geralmente dirige seu "nojo projetivo" para um ou mais grupos subordinados concretos – afrodescendentes, judeus, mulheres, homossexuais, pessoas pobres, castas inferiores na hierarquia de castas indiana. Na verdade, esses grupos funcionam como o "outro" animal, por meio de cuja exclusão um grupo privilegiado se define como superior e até mesmo único. Uma manifestação comum de nojo projetivo é evitar o contato físico com os membros do grupo subordinado, e mesmo evitar o contato com objetos que os membros desse grupo tocaram. Como a pesquisa psicológica revela, o nojo está cheio de pensamento mágico irracional. Não surpreende que as noções de contaminação estejam sempre presentes no racismo e em outros tipos de subordinação grupal.

O nojo projetivo é sempre um sentimento suspeito porque implica o nojo de si e seu deslocamento para outro grupo que, na verdade, nada mais é que um conjunto de seres humanos de carne e osso como aqueles que fazem a projeção, só que socialmente mais impotentes. Dessa forma, o desejo original da criança narcisista de transformar os pais em escravos se realiza – por meio da criação de uma hierarquia social. Essa dinâmica representa uma ameaça permanente à igualdade democrática[7].

Parece que essa história é, de certa forma, universal: estudos feitos sobre o nojo num grande número de sociedades revelam dinâmicas semelhantes; e, infelizmente, temos de reconhecer que todas as sociedades humanas criaram grupos marginalizados

---

[7] Ver M. Nussbaum, *Hiding*, op. cit., caps. 2 e 4. Minha interpretação psicológica deve muito aos conceitos e argumentos de Donald Winnicott.

que são estigmatizados como vergonhosos ou nojentos, e normalmente ambos. Não obstante, existem numerosas causas de variação que influenciam o resultado dessa história, ao moldar as atitudes das pessoas com relação à fragilidade, à necessidade e à interdependência. Entre elas estão as diferenças de cada família, as regras sociais e a lei. Estas três geralmente interagem entre si de forma complexa, já que os próprios pais habitam um mundo social e político, e os sinais que enviam aos filhos são moldados por esse mundo.

Como a estigmatização de comportamento parece ser uma reação à ansiedade com relação à própria fragilidade e vulnerabilidade, não é possível restringi-la sem lidar com essa ansiedade mais profunda. Uma parte dessa tarefa que Rousseau ressaltou é aprender uma competência prática. As crianças que conseguem negociar bem em seu meio têm menos necessidade de empregados que as sirvam. Porém, outra parte da resposta social tem de ser direcionada ao próprio sentimento de impotência e ao sofrimento que ele provoca. Algumas normas sociais e familiares lidam de forma criativa com esse sofrimento, fazendo saber aos jovens que todos os seres humanos são vulneráveis e mortais, e que não devemos odiar nem repudiar esse aspecto da vida humana, mas lidar com ele por meio da reciprocidade e da ajuda mútua. Jean-Jacques Rousseau fez do aprendizado da fragilidade humana algo decisivo para seu método educacional, dizendo que só o reconhecimento dessa fragilidade faz de nós indivíduos sociáveis e tolerantes; portanto, nossa própria inadequação pode se tornar a base de esperança de uma comunidade generosa. Ele chamou a atenção para o fato de que os nobres franceses não tiveram essa educação; eles cresceram aprendendo que estavam acima do destino comum da vida humana. Foi esse desejo de invulnerabilidade que alimentou o desejo de mandar nos outros.

Muitas sociedades ensinam as lições perniciosas que os nobres franceses de Rousseau aprenderam. Por meio de normas sociais e familiares, elas fazem saber que a perfeição, a invulnerabilidade e o controle são aspectos essenciais do sucesso dos adultos. Em numerosas culturas, tais normas sociais assumem a forma de gênero, e a pesquisa a respeito do nojo descobriu que existe frequentemente um forte componente de gênero na projeção do nojo nos outros. Como os homens aprendem que sucesso significa estar acima do corpo e de suas fragilidades, eles aprendem a caracterizar uma subclasse (mulheres, afrodescendentes) como exageradamente submissa ao corpo, precisando, portanto, ser dominada. Essa história apresenta inúmeras variações culturais, que precisam ser minuciosamente analisadas antes que se possa tratar delas numa sociedade específica. Mesmo quando determinada cultura, como um todo, não contém tais normas distorcidas, ainda assim as famílias podem passar mensagens erradas – por exemplo, que a única maneira de ser bem-sucedido é ser perfeito e controlar tudo. Portanto, as origens da hierarquia social estão profundamente enraizadas na vida humana; o "choque interior" nunca pode ocorrer somente no âmbito da escola ou da universidade, mas precisa envolver a família e a sociedade num sentido mais abrangente. No entanto, pelo menos as escolas são uma autoridade influente na vida da criança, uma autoridade cujas mensagens provavelmente poderemos monitorar mais facilmente do que as outras.

Dissemos que um elemento fundamental da patologia do nojo é a divisão do mundo em "puros" e "impuros" – a construção de um "nós" que não tem nenhum defeito e um "eles" que são sórdidos, maus e contaminadores. Muitas opiniões ofensivas relativas à política internacional revelam os traços dessa patologia, quando as pessoas demonstram estar prontamente inclinadas a pensar que um grupo de pessoas diferentes é ameaçador e suspeito, enquanto elas próprias se encontram do lado dos anjos. Percebemos hoje que essa tendência humana profundamente entranhada é alimentada por meio de métodos consagrados de contar histórias para as crianças, que sugerem que o mundo ficará em ordem quando alguma bruxa ou monstro feio e repugnante for morto, ou mesmo for cozinhado em seu próprio fogão[8]. Muitas histórias infantis

---

[8] Será que a adorável história de João e Maria – popularizada na ópera de Humperdinck, ele próprio um discípulo de Wagner, que procurava glorificar o puro *Volk* alemão – contri-

atuais transmitem a mesma visão de mundo. Deveríamos agradecer aos artistas que apresentam às crianças a verdadeira complexidade do mundo; o diretor de cinema japonês Hayao Miyazaki, por exemplo, cujos filmes extravagantes e fantásticos contêm uma visão do bem e do mal mais delicada e nuançada na qual os perigos podem vir de fontes reais e complexas como a relação dos humanos decentes com o meio ambiente; ou Maurice Sendak, cujo Max de *Onde vivem os monstros* – que agora se tornou um filme impressionante – brinca com os monstros que representam seu próprio mundo interior e com a agressividade perigosa que está ali à espreita. Além disso, os monstros também não são inteiramente horríveis; pois o ódio a nossos próprios demônios interiores é que costuma estar na origem da necessidade de projetá-los nos outros. As histórias aprendidas na infância tornam-se elementos poderosos do mundo que habitamos como adultos.

Falei dos problemas; e quanto aos recursos? O outro lado do choque interior é a capacidade crescente que a criança tem de demonstrar um interesse compassivo, de considerar o outro como fim e não como meio. Se tudo corre bem, ao longo do tempo as crianças passam a sentir gratidão e amor pelos seres independentes que suprem suas necessidades, tornando-se cada vez mais capazes de imaginar o mundo do ponto de vista dessas pessoas. A capacidade de se interessar pelos outros e de reagir com uma atitude construtiva é um elemento importante de nossa herança evolutiva[9]. Várias espécies de primatas parecem sentir algum tipo de compaixão, como os elefantes e, provavelmente, os cachorros. No caso dos chimpanzés e, provavelmente, dos cachorros e dos elefantes, a compaixão está associada com a empatia, isto é, com a facilidade para o "raciocínio posicional", com a capacidade de enxergar o mundo do ponto de vista de outro ser humano. O racio-

buiu com fantasias que levaram, posteriormente, à escolha talvez inconsciente de um modo de extermínio? No final da ópera, as louras crianças alemãs recobram a consciência, livres do feitiço da bruxa, e aplaudem sua incineração.
[9] Ver Frans de Waal, *Good Natured: the Origins of Right and Wrong in Humans and Other Animals*. Cambridge, MA: Harvard University Press, 1996.

cínio posicional não é necessário para a compaixão, e certamente não é suficiente; o sádico pode usá-lo para torturar sua vítima. No entanto, ele é muito útil para a formação de sentimentos compassivos – os quais, por sua vez, estão relacionados com a predisposição de ajudar. O impressionante trabalho experimental de C. Daniel Batson mostra que pessoas que ouvem o relato tocante do sofrimento de alguém adotando o ponto de vista da pessoa apresentam uma tendência muito maior de reagir compassivamente do que as pessoas que ouvem o relato de forma mais distante. Tendo reagido com um sentimento de compaixão, elas, então, decidem ajudar o outro – caso lhes seja apresentada uma opção, não excessivamente custosa, que torne tal ajuda possível[10].

As crianças que desenvolvem a capacidade de sentir piedade ou compaixão – muitas vezes por meio de uma experiência perspectivista empática – compreendem o que sua agressão causou no outro indivíduo independente, com quem elas se importam cada vez mais. Assim, elas passam a sentir culpa pela própria agressão e uma verdadeira preocupação pelo bem-estar do outro. Embora empatia não signifique moralidade, ela pode fornecer elementos cruciais de moralidade. À medida que o interesse aumenta, ele leva a um desejo cada vez maior de controlar a própria agressividade; as crianças reconhecem que os outros não são seus escravos, mas seres independentes que têm direito à própria vida.

Tais atitudes de reconhecimento são geralmente instáveis, uma vez que a vida humana é uma coisa arriscada e todos nós temos sentimentos de ansiedade que nos levam a querer mais controle, incluindo o controle sobre as outras pessoas. Porém, uma formação positiva no ambiente familiar, à qual posteriormente vem se juntar uma educação adequada, podem fazer com que crianças sintam um interesse compassivo pelas necessidades dos outros, podendo levá-las a considerar que as outras pessoas têm os mesmos direitos que elas. Na medida em que as normas sociais e as imagens sociais de maturidade ou de masculinidade predomi-

---

[10] C. Daniel Batson, *The Altruism Question*. Hillsdale, NJ: Lawrence Erlbaum, 1991.

nantes interferirem nessa formação, haverá dificuldade e tensão; contudo, uma educação adequada pode combater tais estereótipos, fazendo com que as crianças percebam a importância da empatia e da reciprocidade.

A compaixão não é confiável por si só. Como os outros animais, o ser humano geralmente sente compaixão por quem ele conhece, e não por quem ele não conhece. Hoje sabemos que até mesmo criaturas aparentemente simples como os camundongos reagem com desconforto ao desconforto físico de outros camundongos – *se* eles tiverem vivido antes com aqueles camundongos específicos[11]. No entanto, o sofrimento dos camundongos desconhecidos não consegue produzir o contágio afetivo que precede a compaixão. Portanto, é provável que a tendência de dividir o mundo entre os conhecidos e os desconhecidos seja algo profundamente enraizado em nossa herança evolutiva.

Também podemos recusar a compaixão por outros motivos inaceitáveis; por exemplo, podemos culpar injustamente a pessoa que está sofrendo por seu infortúnio. Muitos americanos acreditam que os pobres atraem a pobreza sobre si por meio da preguiça e da falta de esforço. Consequentemente, embora estejam muitas vezes enganados com relação a isso, eles não sentem compaixão pelos pobres[12].

Esses déficits de compaixão podem se conectar à dinâmica perniciosa do nojo e da vergonha. Quando determinado subgrupo social é identificado como vergonhoso e nojento, seus membros parecem inferiores aos membros dominantes, além de muito diferentes deles: primitivos, fedorentos, contaminados e contaminantes. Torna-se fácil, portanto, excluí-los da compaixão, e fica difícil enxergar o mundo de seu ponto de vista. Pessoas brancas que sentem muita piedade de outras pessoas brancas são capazes de tratar

---

[11] Ver Dale J. Langford, Sara E. Crager, Zarrar Shehzad, Shad B. Smith, Susana G. Sotocinal, Jeremy S. Levenstadt, Mona Lisa Chanda, Daniel J. Levitin e Jeffrey S. Mogil, "Social Modulation of Pain as Evidence for Empathy in Mice", *Science* 312, 2006, pp. 1967-70.
[12] Ver Candace Clark, *Misery and Company: Sympathy in Everyday Life*. Chicago: University of Chicago Press, 1997.

pessoas negras como animais ou objetos, recusando-se a enxergar o mundo da perspectiva delas. Os homens muitas vezes tratam as mulheres desse modo, enquanto sentem compaixão por outros homens. Resumindo, cultivar a compaixão não é, por si só, suficiente para superar as forças da escravização e da subordinação, uma vez que a própria compaixão pode se tornar uma aliada do nojo e da vergonha, fortalecendo a solidariedade entre as elites e distanciando-as ainda mais dos subordinados.

À medida que os jovens se aproximam da idade adulta, aumenta a influência da cultura do grupo ao qual eles pertencem. As normas de um adulto perfeito (o homem perfeito, a mulher perfeita) têm um grande impacto no processo de desenvolvimento, já que a consideração pelos outros luta contra a insegurança e a vergonha narcisistas. Se uma cultura de grupo adolescente define o "verdadeiro homem" como alguém que não tem fraquezas nem necessidades e que controla tudo de que precisa na vida, esse ensinamento alimentará o narcisismo infantil e inibirá fortemente a ampliação da compaixão para com as mulheres e para com outras pessoas percebidas como frágeis ou subordinadas. Os psicólogos Dan Kindlon e Michael Thompson observaram tal cultura agindo entre os adolescentes americanos do sexo masculino[13]. Embora até certo ponto todas as culturas retratem a masculinidade como algo que implica controle, a cultura americana certamente o faz, ao dar como exemplo aos jovens a imagem do caubói solitário que é capaz de se sustentar sem a ajuda de ninguém.

Como ressaltam Kindlon e Thompson, a tentativa de ser esse homem ideal implica uma pretensão de controle num mundo que ninguém de fato controla. Essa pretensão é desmascarada quase todo dia pela própria vida, na medida em que o jovem "homem de verdade" sente fome, cansaço, saudade e, muitas vezes, fica doente ou com medo. Portanto, uma corrente subterrânea de vergonha cruza a mente de qualquer um que obedeça a esse mito; esperam

---

[13] Dan Kindlon e Michael Thompson, *Raising Cain: Protecting the Emotional Life of Boys*. Nova York: Ballantine, 1999.

que eu seja um "homem de verdade", mas sinto que não controlo meu próprio entorno nem meu próprio corpo de inúmeras maneiras. Se a vergonha é uma reação praticamente universal à impotência humana, ela é muito mais acentuada nas pessoas que foram criadas acreditando no mito do controle total e não num ideal de necessidade mútua e interdependência. Uma vez mais, então, podemos perceber como é crucial que as crianças não aspirem ao controle nem à invulnerabilidade, situando suas perspectivas e possibilidades acima da sina comum da vida humana; mas que, em vez disso, aprendam a reconhecer nitidamente os modos pelos quais as fraquezas humanas são experimentadas num amplo conjunto de circunstâncias sociais, compreendendo como diferentes tipos de organizações sociais e políticas afetam as vulnerabilidades compartilhadas por todos os seres humanos.

Rousseau defende que o educador precisa combater o desejo narcisista de Emílio de mandar nos outros a partir de dois procedimentos. Por um lado, à medida que amadurece fisicamente, ele precisa aprender a não ser dependente, a não precisar que o sirvam de maneira servil. Desde que demonstre ser competente no mundo, ele terá menos necessidade de recorrer aos outros como faz o bebê, e poderá considerá-los, sem se sentir tão ansioso, como pessoas que possuem projetos próprios, que não estão à sua disposição. Rousseau acreditava que a maioria das escolas estimulava a dependência e a passividade ao apresentar o aprendizado de maneira puramente abstrata, de forma desligada de qualquer utilização prática. Em comparação, seu educador ensinaria Emílio a negociar no mundo em que ele vive, fazendo dele um participante competente das atividades desse mundo. Por outro lado, a educação de Emílio precisa seguir adiante; por meio de um amplo conjunto de narrativas, ele precisa aprender a se identificar com a sina dos outros, a ver o mundo através dos olhos deles e a sentir vivamente seus sofrimentos por meio da imaginação. Só assim é que, de longe, as outras pessoas se tornam reais e iguais a ele.

Creio que essa história de narcisismo, impotência, vergonha, nojo e compaixão encontra-se no centro do que a educação para uma cidadania democrática deve tratar. Porém, existem outras questões psicológicas que o educador vai precisar ter em mente. Pesquisas da psicologia experimental revelaram uma quantidade de tendências perniciosas que parecem ser comuns a uma ampla gama de sociedades. Stanley Milgram demonstrou, com seus notórios e hoje clássicos experimentos, que os participantes da experiência têm um alto nível de respeito pela autoridade. A maioria das pessoas que participaram de seus experimentos – que foram repetidos muitas vezes – estava disposta a ministrar um nível muito doloroso e perigoso de choques elétricos em outra pessoa, desde que o cientista responsável dissesse que o que elas estavam fazendo estava certo – mesmo quando a outra pessoa estava gritando de dor (é claro que a dor era fingida por causa do experimento)[14]. Solomon Asch demonstrara, anteriormente, que os participantes dos experimentos estão dispostos a contrariar o aviso claro enviado por seus sentidos quando todos ao redor estão dando opiniões sensoriais imprecisas; sua pesquisa rigorosa, que já foi confirmada várias vezes, revela a subserviência incomum de seres humanos normais à pressão do grupo. Tanto o trabalho de Milgram como o de Asch foram usados eficazmente por Christopher Browning para esclarecer o comportamento de jovens alemães de um batalhão de polícia que assassinou judeus durante o período nazista[15]. Browning mostra que a influência da pressão do grupo e da autoridade sobre esses jovens era tão grande que aqueles que não conseguiam atirar nos judeus sentiam vergonha de sua fraqueza.

É fácil perceber que essas duas tendências estão próximas da dinâmica narcisismo/insegurança/vergonha que descrevi anteriormente. As pessoas gostam da solidariedade com um grupo de iguais porque ela significa um tipo de invulnerabilidade delegada; e não surpreende que, quando as pessoas estigmatizam e perseguem outras pessoas, elas ajam frequentemente como membros

[14] Para um resumo sucinto da pesquisa de Milgram e Asch, ver Philip Zimbardo, *The Lucifer Effect: How Good People Turn Evil*. Londres: Rider, 2007, pp. 260-75.
[15] Christopher R. Browning, *Ordinary Men: Reserve Police Battalion 101 and the Final Solution in Poland*. Nova York: Harper Collins, 1993.

de um grupo solidário. A subserviência à autoridade é um traço comum da vida em grupo, e a confiança num líder que é considerado invulnerável é um modo bastante conhecido pelo qual o ego frágil se protege da insegurança. Assim, em certo sentido, essa pesquisa confirma a narrativa que acabei de descrever.

No entanto, a pesquisa traz algo de novo. Ela mostra que as pessoas que apresentam tendências subjacentes mais ou menos parecidas se comportam pior se sua situação foi planejada de modo particular. A pesquisa de Asch revelou que, se ao menos um dissidente estivesse presente, o sujeito era capaz de expressar sua própria opinião independente; o que o impedia de dizer o que pensava era o fato de estar totalmente rodeado de pessoas que tinham dado a opinião errada. A pesquisa de Milgram mostra que, quando deixamos que as pessoas pensem que não são responsáveis por suas próprias decisões porque uma figura que encarna a autoridade assumiu a responsabilidade, isso acarreta decisões irresponsáveis. Resumindo, as mesmas pessoas que podem se comportar bem num tipo diferente de situação comportam-se mal em estruturas específicas.

Existe ainda outra pesquisa que demonstra que pessoas aparentemente decentes e bem comportadas estão prontas a assumir um comportamento que humilha e estigmatiza se sua situação for estabelecida de determinada forma, atribuindo-lhes um papel de autoridade e dizendo-lhe que os outros são inferiores. Um exemplo especialmente deprimente envolve alunos cujo professor lhes comunica que as crianças de olhos azuis são superiores às de olhos escuros. O que se vê em seguida são comportamentos hierárquicos e cruéis. O professor então lhes diz que houve um engano; na verdade, as crianças de olhos castanhos é que são superiores, e as de olhos azuis, inferiores. O comportamento hierárquico e cruel simplesmente se inverte; parece que as crianças de olhos castanhos não aprenderam nada com o sofrimento causado pela discriminação[16]. Em poucas palavras, o mau comportamento não é

---

[16] Relatado em Zimbardo, *The Lucifer Effect*, op. cit., pp. 283-5.

resultado apenas de uma formação individual doentia ou de uma sociedade doente; em determinadas circunstâncias, isso pode acontecer com pessoas aparentemente decentes.

Talvez a mais célebre experiência desse tipo seja o Experimento da Prisão de Stanford, conduzido por Zimbardo, no qual ele descobriu que sujeitos a quem foram atribuídos, ao acaso, papéis de guarda de prisão e de prisioneiro começaram a se comportar de maneira distinta quase imediatamente. Os prisioneiros tornaram-se passivos e deprimidos, enquanto os guardas usaram seu poder para humilhar e estigmatizar. O experimento de Zimbardo foi mal concebido em diversos aspectos. Por exemplo, ele passou instruções detalhadas para os guardas, dizendo-lhes que seu objetivo deveria ser provocar sentimentos de alienação e desespero nos prisioneiros. Consequentemente, as descobertas não chegam a ser conclusivas[17]. Não obstante, suas descobertas são, no mínimo, altamente sugestivas e, quando associadas à grande quantidade de informações de outras fontes, corroboram a ideia de que pessoas que não são patológicas individualmente podem se comportar muito mal com relação aos outros quando sua situação foi mal concebida.

Portanto, temos de considerar duas coisas: o indivíduo e a situação. As situações não são a única coisa que importa, pois as pesquisas constatam diferenças individuais, e também é razoável interpretar que as experiências revelam a influência de tendências psicológicas humanas amplamente compartilhadas. Assim, em última análise, precisamos fazer o que Gandhi fez e examinar profundamente o aspecto psicológico do indivíduo, perguntando o que podemos fazer para ajudar a compaixão e a empatia a derrotar o medo e o ódio. Entretanto, as situações também são importantes, e não há dúvida de que pessoas imperfeitas agem muito pior quando colocadas em determinados tipos de estrutura.

[17] Ver minha resenha de Zimbardo, *Times Literary Suplement*, 10 out. 2007, pp. 3-5.

Que estruturas são perniciosas? As pesquisas indicam que existem várias[18]. Em primeiro lugar, as pessoas se comportam mal quando não são responsabilizadas pessoalmente. Elas agem muito pior sob o manto do anonimato, como integrantes de uma massa sem rosto, do que quando são observadas e responsabilizadas como indivíduos. (Qualquer um que já tenha ultrapassado o limite de velocidade e, ao ver um carro de polícia pelo espelho retrovisor, diminuiu a marcha sabe o quanto esse fenômeno é comum.)

Em segundo lugar, as pessoas se comportam mal quando ninguém faz uma crítica aberta. Os sujeitos da pesquisa de Asch continuaram com a opinião incorreta quando todas as outras pessoas que eles consideravam sujeitos experimentais como eles (e que realmente estavam trabalhando para o pesquisador) concordavam com o erro; mas, se apenas um dissidente dissesse algo diferente, eles se sentiriam livres para seguir sua própria percepção e julgamento.

Em terceiro lugar, as pessoas se comportam mal quando os seres humanos sobre os quais elas exercem o poder foram destituídos de sua humanidade e de sua individualidade. Numa ampla gama de situações, as pessoas apresentam um comportamento muito pior quando o "outro" é apresentado como um animal ou quando ele é identificado apenas por um número em vez de um nome. Essa pesquisa tem alguns pontos em comum com as observações clínicas de Kindlon e Thompson. Jovens do sexo masculino ansiosamente decididos a controlar aprenderam a considerar as mulheres como meros objetos de manipulação, e essa capacidade de "coisificar" as mulheres – estimulada por muitos aspectos da cultura midiática e da internet – alimentou ainda mais suas fantasias de dominação.

É bastante óbvio que essas características situacionais podem, até certo ponto, tornar-se parte de uma educação básica – isto é, o processo educacional pode fortalecer o senso de responsabilidade pessoal, a tendência de considerar os outros como indivíduos dife-

---

[18] Meu resumo baseia-se, uma vez mais, numa grande série de pesquisas reproduzidas por Zimbardo.

rentes e a disposição de externar sua crítica. Embora provavelmente não possamos criar pessoas que resistam a todas as manipulações, podemos criar uma cultura social que represente, ela própria, uma poderosa "situação" ambiente, fortalecendo as tendências que combatem a estigmatização e a dominação. Por exemplo, o ambiente cultural pode ensinar as crianças a considerar os grupos de imigrantes ou de estrangeiros como uma massa anônima que ameaça sua hegemonia — ou pode ensinar a perceber os membros desses grupos como indivíduos iguais a elas, compartilhando direitos e responsabilidades comuns.

AS ESCOLAS SÃO APENAS uma das influências sobre a mente e o coração em formação da criança. Grande parte da tarefa de superar o narcisismo e desenvolver a preocupação com os outros tem de ser feita dentro da família; além disso, os relacionamentos no interior da cultura de iguais também desempenham um papel influente. No entanto, as escolas podem reforçar ou sabotar as realizações da família, as boas e as más. Elas também podem moldar a cultura de iguais. O que elas oferecem por meio do conteúdo curricular e da pedagogia pode afetar bastante o desenvolvimento mental da criança.

No momento em que perguntamos o que as escolas podem e devem fazer para criar cidadãos em e para uma democracia saudável, que lições essa análise nos sugere?

- Desenvolver a capacidade dos alunos de ver o mundo do ponto de vista dos outros, especialmente daqueles cujas sociedades tendem a retratar como inferiores e como "meros objetos".

- Ensinar posturas com relação à fragilidade e à impotência humanas que sugiram que a fragilidade não é algo vergonhoso e que precisar dos outros não significa ser fraco; ensinar as crianças a não ter vergonha da carência e da incompletude, mas que as percebam como oportunidades de cooperação e de reciprocidade.

- Desenvolver a capacidade de se preocupar genuinamente com os outros, tanto com os que estão próximos como com os que estão distantes.

- Combater a tendência de evitar os diversos tipos de minoria manifestando asco e considerando-os "inferiores" e "contaminantes".

- Ensinar coisas reais e verdadeiras a respeito de outros grupos (minorias raciais, religiosas e sexuais; pessoas portadoras de deficiência), de modo a conter os estereótipos e o nojo que muitas vezes os acompanha.

- Promover o sentimento de responsabilidade, tratando cada criança como um agente responsável.

- Promover ativamente o raciocínio crítico, a competência e a coragem que ele exige para manifestar uma opinião discordante.

Esta é uma pauta imensa. Para implementá-la, é preciso estar sempre atento às circunstâncias sociais locais, conhecendo a fundo os problemas e recursos sociais locais. E ela deve ser tratada não apenas por meio do conteúdo educacional, mas também por meio da pedagogia, da qual nos ocuparemos em seguida.

IV. Pedagogia socrática: a importância da argumentação

Eu sou uma espécie de tavão, por meio dos deuses inclinado à democracia, e a democracia é um cavalo grande e nobre que se move lentamente, e que é preciso cutucar para que desperte.
— Sócrates, em Platão, *Apologia*, 30E

Nossa mente não alcança a verdadeira liberdade adquirindo matérias de conhecimento e apoderando-se das ideias dos outros, mas formando seus próprios critérios de julgamento e produzindo suas próprias ideias.
— Rabindranath Tagore, num curso para uma classe de sua escola, c. 1915

Sócrates declarou que, "para o ser humano, a vida superficial não vale a pena ser vivida". Numa democracia que gostava muito da retórica apaixonada e que não acreditava na argumentação, ele perdeu a vida por sua dedicação a esse ideal de questionamento crítico. Hoje seu exemplo é fundamental para a teoria e para a prática da educação liberal de tradição ocidental, e ideias afins têm sido fundamentais para os conceitos de educação liberal na Índia e em outras culturas não ocidentais. Uma das razões pelas quais as pessoas insistiram em ministrar a todos os estudantes universitários uma série de cursos de filosofia e de outros temas das humanidades é que elas acreditam que tais cursos, tanto por meio do conteúdo como da pedagogia, estimularão os alunos a pensar e a argumentar por si próprios, em vez de se submeter à tradição e à autoridade – e elas acreditam que a capacidade de argumentar à maneira socrática é, como Sócrates declarou, valiosa para a democracia.

Não obstante, num mundo voltado à maximização do crescimento econômico, o ideal socrático está sob forte pressão. Muitas pessoas consideram que a capacidade de pensar e de argumentar por si só é algo dispensável se o que queremos são produtos comercializáveis que possam ser quantificados. Além do mais, é difícil medir a capacidade socrática por meio de testes padronizados. Somente uma avaliação qualitativa muito mais nuançada das interações em sala de aula e da capacidade de escrita dos alunos poderia nos revelar até que ponto os alunos haviam aprendido a argumentar criticamente. Na medida em que os testes padronizados se tornam a norma por meio da qual as escolas são medidas, é provável que os aspectos socráticos, tanto do currículo como da pedagogia, sejam deixados para trás. A cultura do crescimento econômico tem uma queda pelos testes padronizados e uma impaciência com a pedagogia e o conteúdo que não sejam facilmente avaliados dessa forma. Na medida em que o foco do currículo seja a riqueza pessoal ou nacional, é provável que as capacidades socráticas não se desenvolvam.

Por que isso é importante? Pense na democracia ateniense em que Sócrates cresceu. Suas instituições eram admiráveis sob vários aspectos, proporcionando a todos os cidadãos a oportunidade de debater assuntos de importância pública e insistindo na participação do cidadão tanto por meio do voto como por meio do sistema de júri. Na verdade, Atenas avançou muito mais na direção da democracia direta do que qualquer sociedade moderna, visto que todos os principais cargos – à parte o comandante do exército – eram preenchidos por sorteio. Embora a participação na Assembleia fosse até certo ponto restrita pelo tipo de trabalho e pelo local de residência, e os cidadãos urbanos e desocupados desempenhassem um papel desproporcional – isso para não falar dos excluídos por não serem cidadãos, como as mulheres, os escravos e os estrangeiros –, ainda assim era possível que um homem que não pertencia à elite participasse e desse sua contribuição para o debate público. Por que Sócrates achava que essa democracia florescente era um cavalo lento que, para ficar mais desperto, precisava ser cutucado por meio das competências argumentativas que ele fornecia?

Se observarmos o debate político – como descrito, por exemplo, na *História da Guerra do Peloponeso*, de Tucídides –, veremos que as pessoas não discutiam muito bem entre si. Elas raramente examinavam seus objetivos políticos importantes – se é que chegavam a fazê-lo – nem perguntavam sistematicamente como as diferentes coisas que valorizavam poderiam se ajustar. Percebemos, assim, que o primeiro problema da falta de autoexame é que ela leva a objetivos pouco claros. Platão ilustra esse problema de maneira brilhante no diálogo *Laques*, quando demonstra que dois dos principais generais atenienses, Laques e Nícias, são incapazes de dizer o que significa a coragem militar, embora acreditem possuí-la. Eles simplesmente não têm certeza se a coragem exige que se pense sobre aquilo pelo qual vale a pena lutar e qual é, em última análise, o interesse da cidade. Quando Sócrates propõe essa ideia, eles gostam, e, no entanto, seu raciocínio anterior não a havia incorporado com segurança. Essa confusão absoluta a respeito de um de seus próprios valores fundamentais talvez não seja prejudicial num contexto em que a tomada de decisão é fácil. Entretanto, quando se trata de escolhas difíceis, é bom ter clareza do que se quer e do que é importante; e Platão provavelmente liga sua falta de autoexame aos desastrosos erros militares e políticos da expedição posterior à Sicília, onde Nícias foi o principal arquiteto da esmagadora derrota de Atenas. Embora o exame socrático não garanta um conjunto de metas vantajosas, ao menos ele assegura que as metas perseguidas serão examinadas claramente uma com relação à outra, e assuntos fundamentais não serão omitidos em razão da pressa e do descuido.

Outro problema das pessoas que deixam de se examinar é que muitas vezes elas se mostram facilmente influenciáveis. Quando um demagogo talentoso se dirigia aos atenienses com uma retórica comovente, mas com uma argumentação fraca, eles imediatamente se revelavam dispostos a mudar de opinião sem nem ouvir a argumentação. Em seguida, podiam facilmente ser levados a mudar novamente de opinião, retomando a posição oposta, sem nunca deixar claro o que queriam defender. Tucídides oferece um exemplo brilhante disso no debate sobre o destino dos colonos rebeldes de Mitilene. Influenciados pelo demagogo Cléon, que lhes fala da honra menosprezada, a Assembleia aprova a morte de todos os homens de Mitilene e a escravidão das mulheres e das crianças. A cidade envia um navio com essa ordem. Então, outro orador, Diódoto, acalma o povo, incitando-o à misericórdia. Convencida, a cidade aprova a suspensão da ordem, e um segundo navio é enviado com ordens para deter o primeiro. Por puro acaso, o primeiro navio enfrenta uma calmaria no mar e o segundo consegue alcançá-lo. Assim, inúmeras vidas e uma importante questão política ficaram na dependência do acaso e não de uma discussão ponderada. Se Sócrates tivesse conseguido que aquelas pessoas parassem, refletissem e analisassem o discurso de Cléon, e raciocinassem criticamente a respeito do que ele estava incitando, é provável que pelo menos alguns tivessem resistido a sua poderosa retórica e discordado do apelo à violência sem precisar do discurso apaziguador de Diódoto.

A indecisão é frequentemente uma mistura do respeito à autoridade e da pressão dos iguais – como vimos, um problema comum a todas as sociedades humanas. Quando o foco não está no argumento, as pessoas mudam facilmente de opinião em razão da fama ou do prestígio cultural do orador ou pelo fato de que a cultura de iguais está de acordo. Em comparação, a investigação crítica socrática é totalmente não autoritária. A posição social do orador não conta; a única coisa que conta é a natureza da argumentação. (O menino escravo questionado em *Mênon*, de Platão, se sai melhor do que políticos famosos, em parte porque ele não é arrogante.) Professores de filosofia que se atribuem o papel de especialistas traem o legado de Sócrates. O que Sócrates trouxe a

PEDAGOGIA SOCRÁTICA: A IMPORTÂNCIA DA ARGUMENTAÇÃO

Atenas foi um exemplo de vulnerabilidade e humildade realmente democráticas. Classe, fama e prestígio não valem nada; a única coisa que tem valor é a argumentação. O grupo de iguais também não conta. O argumentador socrático é um dissidente inveterado porque sabe que a única coisa que existe é cada um com sua argumentação a lidar com as coisas. O número de pessoas que pensam isso ou aquilo não faz diferença. Em uma democracia, a pessoa adequada para se ter é aquela que está preparada para acompanhar uma argumentação em vez de números, o tipo de pessoa que enfrentaria a pressão para que dissesse algo falso ou precipitado, tal como Asch descreve em sua experiência.

Outro problema que as pessoas que levam uma vida superficial apresentam é que elas se tratam muitas vezes de maneira desrespeitosa. Quando as pessoas acreditam que o debate político é semelhante a uma disputa esportiva, em que o objetivo é marcar pontos para o seu próprio lado, é provável que elas considerem o "outro lado" como o inimigo e desejem derrotá-lo ou mesmo humilhá-lo. Não lhes ocorreria procurar uma solução conciliatória para encontrar um terreno comum, não mais do que os Chicago Blackhawks procurariam um "terreno comum" com seus adversários numa partida de hóquei. Em comparação, a postura de Sócrates com relação a seus interlocutores é a mesma que ele tem consigo mesmo. Todo mundo precisa ser examinado, e todos são iguais diante da argumentação. Essa postura crítica expõe a estrutura da posição de cada um, revelando, durante o processo, hipóteses compartilhadas e pontos de interseção que podem ajudar os concidadãos a avançar para uma conclusão comum.

Considerem o caso de Billy Tucker, um aluno de dezenove anos de uma faculdade de administração de Massachusetts que teve de fazer uma série de cursos de "ciências humanas", incluindo um de filosofia[1]. Curiosamente, como sua instrutora, Krishna

---

[1] Ver M. Nussbaum, *Cultivating Humanity: a Classical Defense of Reform in Liberal Education*. Cambridge, MA: Harvard University Press, 1997, cap. 1.

51

Mallick, fosse uma indiana-americana natural de Calcutá, conhecedora e excelente praticante do ideal pedagógico de Tagore, sua aula se situava na interseção de duas culturas altamente socráticas. Em sua aula, os alunos começaram aprendendo sobre a vida e a morte de Sócrates; Tucker sentiu-se estranhamente tocado pelo homem que renunciaria à própria vida para prosseguir com sua argumentação. Então os alunos aprenderam um pouco de lógica formal, e Tucker ficou contentíssimo ao descobrir que tirara uma nota alta numa prova sobre o assunto; ele nunca imaginara que poderia se sair bem em algo abstrato e racional. Em seguida, analisaram discursos e editoriais políticos, procurando equívocos lógicos. Por fim, na última etapa do curso, examinaram debates sobre os assuntos do dia. Tucker ficou surpreso ao descobrir que deveria argumentar contra a pena de morte, embora, na verdade, fosse favorável a ela. Ele nunca tinha compreendido, disse, que alguém pudesse produzir argumentos favoráveis a uma posição que a própria pessoa não defendia. Ele me disse que essa experiência fez com que assumisse uma nova postura quanto à discussão política: hoje ele está mais inclinado a respeitar a posição contrária e a querer conhecer os argumentos de ambos os lados e o que os dois lados podem compartilhar, em vez de considerar a discussão simplesmente como uma maneira de se vangloriar e de fazer declarações. É possível perceber como isso humaniza o "outro" político, fazendo a mente perceber o opositor como um ser racional que pode compartilhar ao menos algumas ideias com o próprio grupo da pessoa.

 Consideremos agora a importância dessa competência para a condição atual das democracias pluralistas modernas rodeadas por um poderoso mercado global. Antes de mais nada, podemos informar que, mesmo que estivéssemos visando apenas ao sucesso econômico, os principais executivos corporativos sabem muito bem da importância de criar uma cultura corporativa em que as opiniões críticas não sejam silenciadas, uma cultura tanto da individualidade como da responsabilidade. Os principais professores de administração de empresas com quem conversei nos Estados

Unidos dizem que localizam alguns de nossos maiores desastres – o fracasso de determinadas fases do programa da nave espacial da NASA, os fracassos ainda mais desastrosos da Enron e da WorldCom – na cultura da bajulação, na qual a autoridade e a pressão dos iguais cantavam de galo e ideias críticas nunca eram articuladas. (Uma confirmação recente dessa ideia é a pesquisa que Malcolm Gladwell fez da cultura dos pilotos de linhas aéreas, que constata que o respeito à autoridade é um prognosticador importante do comprometimento da segurança[2].)

Um segundo problema da administração de empresas é a inovação, e existem motivos para supor que uma educação baseada nas ciências humanas fortalece a capacidade de imaginar e de pensar de forma independente, cruciais para manter uma cultura de inovação bem-sucedida. Uma vez mais, os principais professores de administração de empresas geralmente estimulam os alunos a montar um currículo escolar amplo e a desenvolver sua imaginação, e muitas empresas preferem os alunos formados em ciências humanas àqueles que tenham uma formação mais limitada. Embora seja difícil elaborar uma experiência controlada sobre essa questão, parece, de fato, que uma das características evidentes da força econômica dos Estados Unidos é que temos confiado numa educação baseada nas ciências humanas e, nas ciências, no ensino e na pesquisa científica básicas, em vez de nos concentrarmos, de forma mais limitada, nas técnicas aplicadas. Esses temas merecem ser plenamente explorados, e parece provável que, uma vez tendo sido completamente investigados, eles vão gerar um apoio ainda maior às minhas recomendações.

Dissemos, porém, que o objetivo das democracias que querem permanecer estáveis não pode e não deve ser simplesmente o crescimento econômico; portanto, retomemos agora nosso tema principal, a cultura política. Como vimos, os seres humanos têm a tendência a ser subservientes tanto à autoridade como à pressão

---

[2] Malcolm Gladwell, *Outliers: The Study of Success*. Nova York: Little, Brown, and Co., 2008.

dos iguais; para evitar atrocidades, precisamos neutralizar essas tendências, criando uma cultura de discordância individual. Recordemos que Asch descobriu que, quando apenas uma pessoa do grupo de pesquisa saía em defesa da verdade, outros a seguiam, demonstrando que uma voz crítica pode ter consequências importantes. Ao ressaltar a voz atuante de cada pessoa, nós também promovemos uma cultura de responsabilidade. Quando as pessoas percebem que são responsáveis por suas ideias, também é provável que percebam que são responsáveis por suas ações. Foi esse, basicamente, o argumento levantado por Tagore em *Nationalism*, quando insistiu que a burocratização da vida social e a inexorável natureza automática dos Estados modernos haviam insensibilizado a imaginação moral das pessoas, levando-as a concordar com atrocidades sem sentir nenhum remorso. A independência de pensamento, acrescentou ele, é crucial para que o mundo não seja conduzido rapidamente à destruição. Na conferência que fez em 1917 no Japão, ele falou de um "suicídio gradual por meio do encolhimento da alma", observando que cada vez mais as pessoas se permitiam ser usadas como peças de uma máquina gigantesca e realizar os projetos do governo nacional. Somente uma cultura pública fortemente crítica talvez consiga conter essa tendência perniciosa.

    O pensamento socrático é importante em qualquer democracia. Porém, ele é especialmente importante nas sociedades que precisam lidar com a presença de pessoas que se diferenciam pela etnia, casta e religião. A ideia de que alguém vai se responsabilizar pelo próprio raciocínio e trocar ideias com os outros num clima de respeito mútuo em nome da razão é fundamental para a solução pacífica das diferenças, tanto no interior da nação como num mundo cada vez mais polarizado por conflitos étnicos e religiosos.

    O raciocínio socrático é uma prática social. Idealmente, ele deveria moldar o funcionamento de um conjunto amplo de instituições sociais e políticas. No entanto, como nosso tema é a educação formal, podemos perceber que ele também é uma disciplina, podendo ser ensinado como elemento do currículo de uma escola ou de uma faculdade. Contudo, não será bem ensinado a não ser que permeie o espírito do ensino em sala de aula e o verdadeiro etos da escola. Cada aluno deve ser tratado como um indivíduo cujas faculdades mentais estão desabrochando e de quem se espera uma contribuição ativa e criativa para as discussões em sala de aula. Esse tipo de ensino só é possível com classes pequenas ou, no mínimo, por meio de encontros regulares de pequenos grupos dentro de classes maiores.

Como, porém, mais especificamente, a educação liberal pode ensinar valores socráticos? No nível da faculdade e da universidade, a resposta a essa pergunta é razoavelmente bem conhecida. Como ponto de partida, o raciocínio crítico deve ser introduzido no ensino de muitos tipos de classe, no momento em que os alunos aprendem a investigar, a avaliar a prova, a escrever ensaios com uma argumentação bem estruturada e a analisar os argumentos apresentados a eles em outros textos.

Entretanto, parece provável que seja fundamental uma atenção mais concentrada à estrutura da argumentação caso se deseje que esses alunos relativamente maduros mergulhem plenamente no raciocínio socrático atuante que uma educação baseada nas ciências humanas torna possível. Por esse motivo, tenho defendido que todas as faculdades e universidades devem seguir o exemplo das faculdades e universidades católicas americanas, que, além das matérias de teologia e de religião obrigatórias, exigem ao menos dois semestres de filosofia[3]. O curso que Tucker frequentou no Bentley College é um bom exemplo do modo pelo qual tal curso deve ser planejado. Geralmente, alguns textos filosóficos fornecem o ponto de partida – e os diálogos de Platão são dos melhores por sua capacidade de inspirar a pesquisa e o raciocínio ativo, tendo a vida e o exemplo de Sócrates à frente como inspiração. O curso de Tucker também deu atenção à estrutura lógico-formal, o que é muito útil porque oferece aos alunos modelos que eles podem, em seguida, aplicar a diferentes tipos de texto, de editoriais

---

[3] Ver M. Nussbaum, *Cultivating Humanity*, op. cit., caps. 1 e 8.

de jornal e discursos políticos a seus próprios argumentos a respeito de assuntos importantes para eles. Por fim, fazer com que os alunos pratiquem o que aprenderam por meio de debates em classe e da produção de ensaios – todos com um *feedback* detalhado do instrutor – permite que eles interiorizem e dominem o que aprenderam.

Não há dúvida de que mesmo os estudantes universitários bem preparados precisam desse tipo de aula a fim de desenvolver mais plenamente suas aptidões para a cidadania e para uma interação política respeitosa. Mesmo os alunos inteligentes e bem preparados geralmente não aprendem a desmontar uma argumentação sem um treinamento paciente. Tal ensino, ainda relativamente comum nos Estados Unidos, exige bastante da faculdade, e não pode ser feito apenas por meio de palestras genéricas. É difícil encontrar esse tipo de troca intensiva com os estudantes na maioria dos países europeus e asiáticos, onde, em primeiro lugar, os alunos entram na universidade para estudar um único assunto e não têm as ciências humanas como requisito, e onde a maneira normal de ensinar implica conferências genéricas com pouca ou nenhuma participação ativa por parte dos estudantes e pouco ou nenhum *feedback* sobre os textos dos alunos, um tema que devo retomar no capítulo final.

Embora Tucker já tivesse completado o ensino médio, é possível, e essencial, estimular o raciocínio socrático desde o início da educação da criança. Na verdade, isso tem sido feito com frequência. É uma característica inconfundível da educação progressista moderna.

Neste momento, devemos fazer uma pausa e refletir historicamente, uma vez que modelos valiosos de educação socrática têm sido desenvolvidos há muito tempo, como uma reação contra o ensino passivo, numa grande variedade de países, e eles podem e devem permear nossa pesquisa. A análise dessa rica e ininterrupta tradição nos fornecerá pontos de referência para uma análise posterior e fontes teóricas para enriquecê-la.

PEDAGOGIA SOCRÁTICA: A IMPORTÂNCIA DA ARGUMENTAÇÃO

Começando no século XVIII, pensadores da Europa, da América do Norte e, de forma destacada, da Índia começaram a romper com o modelo de educação baseado no aprendizado repetitivo e a adotar experiências nas quais a criança era uma participante ativa e crítica. Embora essas experiências tivessem desabrochado em diferentes lugares até certo ponto de forma independente, elas acabaram se influenciando bastante mutuamente e fazendo uma grande quantidade de empréstimos entre si. Não obstante Sócrates ter sido a figura inspiradora de todos esses movimentos reformistas, eles também se inspiraram – e talvez ainda mais – na absoluta apatia das escolas existentes e na sensação dos educadores de que o aprendizado repetitivo e a passividade dos alunos não fariam bem à cidadania nem à vida.

Todas essas experiências escolares implicavam mais que o questionamento socrático. Muito do que eles propuseram nos interessará posteriormente, quando nos voltarmos para a cidadania global e, especialmente, para o brincar e as artes. Neste capítulo, precisaremos traçar as ideias básicas de cada reforma como um todo, a fim de transmitir uma noção geral dos objetivos de cada reformador, oferecendo a nós mesmos uma estrutura em cujo interior se possa investigar o conceito de raciocínio crítico. No entanto, enquanto fazemos isso, deveremos nos concentrar no componente socrático da proposta de cada pensador, retomando outros aspectos da educação nos capítulos 5 e 6.

Na Europa, o ponto de referência de todas essas experiências foi *Emílio* (1762), a obra magnífica de Jean-Jacques Rousseau, que descreve uma educação que tinha por objetivo tornar o jovem autônomo, capaz de pensar de maneira independente e de resolver problemas práticos sozinho, sem depender da autoridade. Rousseau defendia que a capacidade de rodar o mundo às suas próprias custas era um aspecto fundamental da transformação da criança num bom cidadão capaz de viver em condições de igualdade com os outros, em vez de torná-los seus servos. Consequentemente, grande parte da educação de Emílio é prática, e ele aprende fazendo, um ponto de referência de todas as experiências posteriores da educação progressista. Contudo, o elemento socrático também tem um papel de destaque, visto que nada é dito a Emílio por conta da autoridade do professor, mas ele tem de destrinchar as coisas sozinho, enquanto o professor apenas verifica e questiona.

Rousseau não fundou uma escola, e *Emílio* nos diz pouco a respeito de como seria uma boa escola, uma vez que descreve uma criança isolada com um tutor. Nesse sentido, ela é uma obra extremamente não prática, ainda que filosoficamente profunda. Portanto, não vou me deter nos detalhes do relato filosófico meio esquemático de Rousseau, preferindo me concentrar nas experiências educacionais verdadeiras inspiradas por ele. Pois as ideias de Rousseau influenciaram bastante dois pensadores europeus cujas vidas se sobrepuseram à dele e que, de fato, estabeleceram escolas de acordo com os seus pontos de vista.

O educador suíço Johann Pestalozzi (1746-1827) escolheu como alvo a prática do aprendizado repetitivo e da transmissão forçada de conteúdo, presentes em todas as escolas de sua época. O propósito desse tipo de educação, tal como ele a descreve, era criar cidadãos submissos que, quando adultos, obedeceriam à autoridade e não fariam perguntas. Nos textos prolixos que escreveu sobre a educação, alguns deles em forma de ficção, Pestalozzi descreve, em comparação, uma educação cujo objetivo era tornar a criança atuante e curiosa por meio do desenvolvimento de suas capacidades críticas naturais. Ele apresenta o modelo socrático de educação como envolvente e cheio de vida e simplesmente como puro bom senso – se o objetivo for treinar a mente e não produzir uma obediência típica de rebanho.

O socratismo de Pestalozzi não era estreito – ele também deu importância, na educação, à solidariedade e à afeição. Seu professor ideal era uma figura maternal, assim como um desafiador socrático. Ao instar para que a punição corporal fosse completamente banida, ele mostrou estar à frente de seu tempo; além disso, enfatizou a importância do brincar na educação inicial. Ao estudarmos suas propostas socráticas, devemos ter esse amplo contexto em mente, embora devamos examiná-lo mais somente no capítulo 6.

No influente romance *Leonard and Gertrude* [*Leonardo e Gertrudes*] (1781), Pestalozzi descreve a reforma educacional numa pequena cidade, passando de uma espécie de doutrinação elitista para uma forma altamente participativa e democrática de despertar intelectual. Significativamente, a agente dessa transformação radical é uma operária, Gertrudes, que representa o tipo maternal, curioso e prático, tudo isso numa só pessoa. Na escola do vilarejo ela educa meninos e meninas de todas as classes sociais, tratando-os como iguais e ensinando-os competências práticas úteis. ("Não há dúvida de que estamos educando seres humanos, não brotos magníficos de cogumelos", observa Pestalozzi sutilmente a certa altura.)

Do mesmo modo que o tutor de Emílio, Gertrudes faz com que as crianças resolvam os problemas sozinhas – Pestalozzi é o criador do conceito de "lição objetiva" –, estimulando sempre o questionamento produtivo. Entretanto, diferentemente de Sócrates e, até certo ponto, do tutor imaginário de Rousseau, Gertrudes também é afetuosa e se interessa por cultivar a capacidade emocional das crianças juntamente com sua capacidade crítica. No livro *How Gertrude Teaches Her Children* [Como Gertrudes ensina suas crianças], de 1801, Pestalozzi resume os princípios da boa educação escolar, deixando claro que o amor familiar é a fonte e o princípio inspirador de toda verdadeira educação. Ele recomenda que os jovens e as jovens se tornem mais maternais e mais amorosos; dá a entender que os príncipes tornaram o povo agressivo em razão de seus próprios objetivos egoístas; porém, a natureza humana é, em sua essência, maternal, e esse cuidado materno é a "fonte sagrada do patriotismo e da virtude cívica". O elemento socrático em Pestalozzi deve ser sempre compreendido em conexão com seu foco no desenvolvimento emocional.

Pestalozzi era radical demais para sua época e lugar; as várias escolas que implantou fracassaram, e Napoleão, de quem se aproximou, não se mostrou interessado em suas ideias. No entanto, ele acabou tendo uma grande influência na prática educacional, na medida em que pessoas de toda a Europa vinham visitá-lo e conversar com ele. Sua influência estendeu-se aos Estados Unidos, e tanto Bronson Alcott como Horace Mann devem muito a suas ideias.

Um pouco mais tarde, o educador alemão Friedrich Froebel (1782-1852) conduziu reformas do ensino inicial, de acordo com o espírito de Pestalozzi, que transformaram a maneira como as crianças pequenas de quase todos os países do mundo começam sua escolarização. Isso porque Froebel foi o criador e teórico do "jardim de infância", o ano anterior ao início da escolarização "regular" em que as crianças são carinhosamente estimuladas a expandir sua capacidade cognitiva num clima lúdico e afetuoso; e um espaço que, de acordo com o espírito socrático, enfatiza a própria atividade das crianças como a fonte de seu aprendizado. Como Pestalozzi, Froebel tinha uma profunda aversão pelos modelos tradicionais de educação, que consideravam as crianças como recipientes vazios dentro dos quais a sabedoria dos tempos seria despejada. Ele acreditava que a educação deveria concentrar-se em extrair e cultivar as competências naturais da criança por meio de jogos e brincadeiras estimulantes. A ideia do jardim de infância é simplesmente a ideia de um lugar onde a criança aprende e desabrocha por meio das brincadeiras. Froebel tinha muitos pontos de vista místicos acerca das propriedades de determinados objetos físicos, os chamados presentes ou dons de Froebel: por exemplo, a bola. Ao manipular esses objetos simbólicos, as crianças aprendem a ativar seu pensamento e a dominar seu ambiente. Os jardins de infância modernos prudentemente deixam de lado os voos mais místicos de Froebel, enquanto retêm a ideia central de que as crianças aprendem a desabrochar por meio do pensamento ativo, da reciprocidade e da manipulação ativa dos objetos. Froebel acredita que a agressividade é uma reação à impotência natural, e que ela desaparecerá por si só quando as crianças aprenderem a lidar com o mundo que as rodeia, enquanto sua capacidade natural de sentir compaixão e de agir com reciprocidade será ampliada. Em relação a nosso relato do desenvolvimento infantil, isso é um pouco otimista demais, mas vai na direção certa.

Em razão de Froebel estar preocupado com crianças muito pequenas, as técnicas socráticas não são apresentadas de maneira formal; suas bases, porém, estão firmemente assentadas por meio do estímulo para que a criança seja ativa, investigativa e questionadora, em vez de simplesmente receptora. Sua ideia de que cada criança merece respeito, e de que cada uma delas (independentemente de classe ou gênero) deve ser uma inquiridora, também é inteiramente socrática. Hoje, as crianças do mundo inteiro devem muito a sua contribuição, uma vez que a ideia de um tipo de educação inicial por meio de jogos e brincadeiras num ambiente de compreensão e amor criou jardins de infância mais ou menos por toda parte. Essa ideia benéfica passa por dificuldades no mundo de hoje, na medida em que as crianças são pressionadas a pôr em prática suas competências cada vez mais cedo na vida, muitas vezes perdendo oportunidades de aprender por meio de brincadeiras descontraídas.

Nossa busca histórica move-se agora para a América, onde as reformas progressistas europeias tiveram uma ampla e formativa influência – talvez explicando por que a ideia da educação baseada nas ciências humanas floresceu aqui e na Europa não. Bronson Alcott (1799-1888) é mais conhecido hoje como o pai da romancista Louisa May Alcott, e sua escola é carinhosamente descrita em seus romances *Homenzinhos* e *Jo's Boys* [*A rapaziada de Jô*]. Louisa descreve o pai (representado pelo marido de Jô, o professor Bahaer) como alguém que segue "o método socrático de instrução"; ele menciona que é profundamente influenciado por Pestalozzi e por Froebel. Parece ser uma caracterização acurada da orientação de Bronson Alcott, embora devamos acrescentar a essas influências a do idealismo alemão e da poesia de Wordsworth.

Alcott tinha uma classe de trinta meninos e meninas de seis a doze anos de idade na Temple School, em Boston, que fora fundada em 1834. (O corpo docente também era composto de homens e mulheres.) Em 1839 a escola aceitou um aluno negro; muitos pais tiraram seus filhos e a escola fechou. Porém, durante sua curta existência ela manteve e expandiu o legado da educação progressista europeia. Os métodos de Alcott são ainda mais claramente socráticos que os de Pestalozzi e Froebel. A educação assumia sempre a forma de perguntas em lugar de afirmações, enquanto as crianças eram estimuladas a se questionar, tanto no nível dos pensamentos quanto no das emoções. "A educação", escreveu ele, "é o processo por meio do qual a mente se liberta da alma, e, associada a coisas externas, volta-se sobre si, tornando-se, assim, consciente da realidade e da forma [das coisas]... É a autorrealização." Embora essa linguagem remeta mais a Hegel que a Platão, o que interessa é que em termos pedagógicos a linguagem é socrática. A educação acontece por meio do questionamento e do autoexame.

Como Froebel e Pestalozzi, Alcott discordava de Sócrates ao enfatizar o desenvolvimento emocional e o papel da poesia; o foco das aulas geralmente era a leitura e a interpretação de poemas, sendo um dos favoritos Wordsworth. No entanto, não se descurava da argumentação, e as crianças aprendiam a ser responsáveis pela defesa de suas próprias ideias. Para Alcott, assim como para seus antecessores europeus, a abordagem de Sócrates é incompleta porque não dá importância às emoções e à imaginação. Não obstante, Sócrates supria uma parte importante do que todos buscavam: ênfase no autoexame, responsabilidade pessoal e atividade intelectual individual como antídotos a uma educação que transformava os alunos em instrumentos dóceis da autoridade tradicional.

Farei uma menção mais rápida a Horace Mann (1796-1859), uma personalidade de notável importância histórica. Contemporâneo de Alcott, mas, sob alguns aspectos, integrante da corrente política dominante, Mann talvez seja a figura mais influente da história da educação pública americana antes de Dewey. Começando com as reformas pioneiras do ensino público de Massachusetts, e terminando com o trabalho na Faculdade Antioquia, fundada por ele, Mann, abolicionista e o maior defensor da igualdade das mulheres, sempre defendeu a inclusão: por uma educação liberal (não apenas treinamento) gratuita para todos; por bibliotecas acessíveis em todo o estado; e por um alto padrão de ensino nas escolas frequentadas por alunos que não pertenciam à elite. Por conseguinte, assim como os personagens que estudamos, Mann era um reformador que detestava o aprendizado meramente repetitivo. Suas reformas estavam intimamente ligadas a uma concepção igualitária e inclusiva de democracia. Segundo ele, nenhuma democracia pode durar a menos que seus cidadãos sejam instruídos e atuantes. Era um radical em matéria de inclusão, insistindo que todas as crianças recebessem a mesma educação independentemente de raça ou gênero, numa tentativa importante de erradicar as diferenças de classe na educação, e mesmo (em Antioquia) na isonomia salarial entre professores e professoras. Foi sob sua influência que, em 1852, Massachusetts promulgou a primeira lei estadual que exigia o ensino obrigatório.

Sob determinados aspectos, Mann também compartilhava noções pedagógicas com os primeiros reformadores; ele rejeitava os métodos de ensino ineficientes e autoritários, buscando a compreensão em vez da rotina. Entretanto, geralmente enfatizava as competências básicas, alfabetização e conhecimentos fundamentais de aritmética; e sua crítica dos professores autoritários (especialmente os professores religiosos dogmáticos que baseavam o ensino na Bíblia) era, consequentemente, um pouco limitada, concentrando-se no evidente fracasso de tais métodos de ensinar a ler e a escrever. Sua insistência em fazer com que as crianças entendessem o que liam era defendida menos por meio do recurso ao valor intrínseco do questionamento e da reflexão do que pelo destaque dado ao fato de que as crianças simplesmente não conseguiam aprender imitando, sem compreender.

Em Antioquia, já quase no fim da vida, ele prosseguiu com sua defesa radical da inclusão (Antioquia foi a primeira faculdade americana a educar mulheres e homens de maneira plenamente igual, e uma das primeiras a educar estudantes negros e brancos como iguais). Enquanto isso, seus compromissos socráticos ficaram mais evidentes: Antioquia foi a primeira faculdade a dar destaque às discussões em sala de aula, chegando mesmo a oferecer matérias independentes sob a orientação do corpo docente.

Resumindo, Mann foi um grande reformador pragmático e um poderoso defensor da educação democrática. Entretanto, ao menos no que diz respeito às escolas, ele concentrou-se sobretudo nas competências básicas, e seu compromisso com os valores socráticos e democráticos em sala de aula era menos fundamental e menos reflexivo do que o de outras personalidades que nossa digressão histórica examinou. Portanto, é com pesar que nos despedimos dele e nos voltamos para um pensador que trouxe Sócrates a praticamente todas as salas de aula americanas.

Sem dúvida o mais influente e eminente teórico americano praticante da educação socrática, John Dewey (1869-1952) transformou o modo pelo qual quase todas as escolas americanas entendiam sua missão. Sejam quais forem os defeitos do ensino fundamental e médio americanos, geralmente se reconhece que encher as crianças de fatos e pedir que elas os vomitem não acrescenta nada à educação; as crianças precisam aprender a assumir o controle de seu próprio raciocínio e a se envolver com o mundo de modo curioso e crítico. Como Dewey era um filósofo importante, não será possível – tal como aconteceu com Rousseau – nos aprofundarmos nos conceitos elaborados subjacentes a sua prática educacional; contudo, ao menos podemos ter uma ideia geral da relação que ele estabelece entre cidadania democrática e educação socrática.

Diferentemente de todos os teóricos analisados anteriormente, Dewey viveu e ensinou numa democracia florescente, e seu principal objetivo era criar cidadãos democráticos atuantes, curiosos, críticos e que respeitassem uns aos outros. Apesar da atitude cautelosa de Dewey com relação aos "grandes livros" clássicos – porque ele vira tais livros virarem fontes autorizadas e a citação de pessoas importantes substituir o verdadeiro compromisso intelectual –, Sócrates continuou sendo uma fonte de inspiração para ele, por ter trazido à democracia um vigoroso envolvimento racional e crítico. Outra inspiração importante foi Froebel – Dewey, que raramente gostava de escrever sobre seus eminentes antecessores, dá um destaque bastante grande à sua exposição às ideias dele[4].

Para Dewey, o principal problema dos métodos de educação convencionais é a passividade que ele estimula nos alunos. As escolas têm sido tratadas como lugares para ouvir e absorver, e tem sido dada preferência a ouvir em lugar de analisar, examinar cuidadosamente e resolver problemas de forma criativa. Pedir que os estudantes sejam ouvintes passivos não apenas deixa de desenvolver suas faculdades críticas ativas, como certamente também os enfraquece: "A criança aproxima-se do livro sem apetite intelectual, sem atenção, sem uma postura questionadora, e o resultado é algo lamentavelmente comum: uma deplorável dependência dos livros, enquanto diminui e enfraquece o vigor do raciocínio e do espírito investigativo." Tal atitude subserviente, nociva para a vida em geral, é fatal para a democracia, uma vez que as democracias não vão sobreviver sem cidadãos alertas e atuantes. Então, em vez de ouvir, a criança deveria fazer o seguinte: imaginar as coisas, pensar sobre elas, perguntar. A mudança que ele queria era, em suas palavras, "a mudança de uma situação de receptividade e contenção mais ou menos passiva e inerte para uma situação de contínua e alegre energia"[5].

Dewey acreditava que a melhor maneira de tornar os jovens atuantes era transformar a sala de aula num espaço do mundo real que tinha continuidade no mundo lá fora – um lugar em que problemas reais são debatidos e competências práticas reais evocadas. Desse modo, o questionamento socrático não era apenas uma técnica intelectual, era um aspecto do envolvimento prático, uma postura diante dos problemas da vida real. Também era uma forma de se envolver com os outros, e Dewey sempre salientou o fato de que numa boa escola os alunos aprendem técnicas de cidadania ocupando-se de projetos comuns e resolvendo-os em conjunto, com um espírito respeitoso, porém crítico. Ele acreditava que a

---

[4] Ver J. Dewey, "Froebel's Educational Principles", em *The School and Society and The Child and the Curriculum*. Chicago: University of Chicago Press, 1990, pp. 116-31.
[5] J. Dewey, *The School and Society*, pp. 112-5.

atividade coletiva tinha a vantagem adicional de ensinar o respeito pelo trabalho manual e por outras profissões; as escolas tradicionais muitas vezes estimulam a preferência elitista pelas ocupações sedentárias. Portanto, o socratismo de Dewey não era uma técnica de gabinete; era um modo de vida que se levava com outras crianças a fim de entender as questões do mundo real e os projetos práticos imediatos, sob a orientação dos professores, porém sem a imposição de uma autoridade externa.

Os alunos geralmente começavam com uma tarefa prática específica e imediata: cozinhar, tecer algo ou cuidar do jardim. Enquanto resolviam esses problemas imediatos, eles eram levados a fazer várias perguntas: de onde vêm esses materiais? Quem os fez? Por meio de quais tipos de trabalho eles chegaram até mim? Como deveríamos refletir acerca da organização social dessas formas de trabalho? (Por que é tão difícil preparar o algodão para tecer? Como esses problemas práticos interagem com o trabalho escravo? As perguntas podem tomar diversos rumos[6].)

Resumindo, o questionamento socrático surge de um acontecimento real, à medida que as crianças são levadas a tratar esses acontecimentos, e sua própria atividade, como "pontos de partida"[7]. Ao mesmo tempo, ao aprender que a produção do fio de algodão está relacionada a todas essas questões complicadas, as crianças entendem o significado complexo do próprio trabalho manual e aprendem a ter uma nova postura perante ele. Acima de tudo, as crianças estão aprendendo por meio de sua própria atividade (social), não por meio de uma recepção passiva; desse modo, elas moldam e aprendem a cidadania. As experiências de Dewey deixaram uma marca profunda na educação inicial dos Estados Unidos, do mesmo modo que sua ênfase na interconectividade do mundo, que examinaremos no capítulo 5, e seu foco nas ciências humanas, que examinaremos no capítulo 6.

---

[6] Ver ibid., pp. 20-22, onde J. Dewey mostra como muitas noções históricas, econômicas e científicas complexas podem ser extraídas da tarefa aparentemente simples de produzir o fio do algodão.
[7] Ibid., p. 19.

Até agora falei de um método socrático que teve grande influência na Europa e na América do Norte. Entretanto, não seria correto pensar que a abordagem socrática da educação inicial só fosse encontrada ali. Na Índia, Rabindranath Tagore conduziu uma experiência intimamente relacionada a essa, fundando uma escola em Santiniketan, nos arredores de Calcutá, e, posteriormente, como mencionei, uma universidade de ciências humanas, Visva--Bharati, para prosseguir com essa abordagem. Tagore estava longe de ser o único educador experimental indiano no início do século XX. Uma escola elementar similar foi criada em associação com a Jamia Millia Islamia, uma universidade liberal fundada por muçulmanos que acreditavam que sua própria tradição corânica autorizava a aprendizagem socrática[8]. Todas essas experiências estão intimamente relacionadas às reformas das leis e dos costumes tradicionais que diziam respeito às mulheres e às crianças, tais como aumentar a idade em que o casamento era permitido, dar acesso ao ensino superior às mulheres e, por fim, conceder--lhes cidadania plena no novo país. Esses movimentos reformistas existiam em muitas regiões. No entanto, como dessas tentativas a experiência de Tagore foi a que teve mais influência, vou concentrar-me nela.

Tagore, que ganhou o Prêmio Nobel de Literatura em 1913, foi uma dessas raras pessoas que possuem talentos excepcionais em inúmeras áreas. Embora tenha recebido o prêmio pela poesia, ele também era um excelente romancista, contista e dramaturgo. E o mais extraordinário é que era um pintor cujo trabalho tem sido mais valorizado com o passar dos anos, um compositor que escreveu mais de 2 mil canções adoradas na cultura bengali contemporânea – incluindo as que foram posteriormente adotadas como hino nacional tanto da Índia como de Bangladesh – e um coreógrafo cujo trabalho foi analisado por criadores da dança moderna como Isadora Duncan (cuja linguagem da dança também influen-

---

[8] Ver M. Nussbaum, "Land of My Dreams: Islamic Liberalism under Fire in India", *Boston Review* 34, mar.-abr. 2009, pp. 10-4.

ciou a sua) e cujos musicais eram avidamente procurados por dançarinos europeus e americanos que passavam uma temporada em sua escola. Tagore também foi um filósofo impressionante, cujo livro *Nationalism* (1917) representa uma contribuição importante para a reflexão acerca do Estado moderno, e cujo *The Religion of Man* [A religião do homem] (1930) sustenta que a humanidade só pode progredir desenvolvendo sua capacidade de sentir uma compaixão mais inclusiva, e que essa capacidade só pode ser desenvolvida por meio de uma educação que enfatize o conhecimento global, as ciências humanas e a autocrítica socrática. Todos esses aspectos do gênio de Tagore continuaram presentes no planejamento e no dia a dia de sua escola. Esta era, talvez acima de tudo, a escola de um poeta e artista, alguém que compreendia como todas as artes são fundamentais para o desenvolvimento integral da personalidade[9]. Embora só nos ocupemos desse aspecto da escola no capítulo 6, é importante ter em mente que ele determinou o contexto dentro do qual sua experiência socrática desabrochou. Tanto o aspecto socrático como o artístico da escola foram inspirados pela aversão às tradições obsoletas e aprisionantes que, segundo seu ponto de vista, impediam que homens e mulheres realizassem plenamente seu potencial humano.

Como muitas pessoas de sua classe social, Tagore era versado no pensamento e na literatura ocidentais. (Com quinze anos, traduziu *Macbeth* de Shakespeare para o bengali.) Sua filosofia educacional pode muito bem ter sido um pouco influenciada por Rousseau, e grande parte de seu pensamento revela a influência do pensador francês cosmopolita Augusto Comte (1798-1857), que também influenciou John Stuart Mill, que escreveu um livro inteiro sobre Comte[10]. Assim, podemos dizer que Tagore e Mill são primos: o conceito de Tagore da "religião do homem" é semelhante à teoria de Mill sobre uma "religião da humanidade", e ambos

---

[9] Ver Kathleen M. O'Connell, *Rabindranath Tagore: the Poet as Educator*. Calcutá: Visva-Bharati, 2002.
[10] *Auguste Comte and Positivism*. Londres: Westminster Review, 1865.

têm suas raízes na ideia de Comte de uma compaixão humana inclusiva. Tagore e Mill sentiam a mesma aversão pela tirania do hábito, e ambos defendiam vigorosamente a liberdade individual.

Entretanto, se Tagore foi influenciado por algum pensamento ocidental, a influência no outro sentido foi muito mais evidente. Sua escola era visitada por inúmeros artistas, dançarinos, escritores e educadores da Europa e da América do Norte, que levavam suas ideias quando voltavam para casa. Ele travou conhecimento e se correspondeu com Maria Montessori, que visitou Santiniketan para observar suas experiências. Leonard Elmhirst passou alguns anos na escola de Tagore e, em seguida, de volta à Inglaterra, fundou a escola progressista voltada para as humanidades Dartington Hall, que ainda é um exemplo do tipo de educação defendido por mim. Tagore também pode ter influenciado John Dewey. Embora seja difícil determinar esses vínculos, porque Dewey raramente descreve suas influências, sabemos que Tagore passou longos períodos em Illinois (visitando o filho, que estudava agronomia na Universidade de Illinois) bem na época em que Dewey estava organizando sua Escola Laboratório. Seja como for, quer tenha havido influência ou não, as ideias dos dois homens a respeito do raciocínio crítico e das ciências humanas estão intimamente relacionadas.

Tagore odiava todas as escolas que havia frequentado e as abandonou assim que pôde. O que ele odiava era a aprendizagem repetitiva e o tratamento do aluno como um depósito passivo dos valores culturais consagrados. Os romances, as histórias e os dramas de Tagore são obcecados pela necessidade de desafiar o passado, de permanecer sensível a um amplo conjunto de possibilidades. Certa vez ele expressou seus pontos de vista a respeito da aprendizagem repetitiva numa alegoria sobre o ensino tradicional intitulada "The Parrot's Training" [O treinamento do papagaio][11].

Certo rajá possui um bonito papagaio. Convencido de que o papagaio precisa ser educado, ele convoca os sábios de todas as

---

[11] Traduzido em V. Bhatia (org.), *Rabindranath Tagore: Pioneer in Education*. Nova Déli: Sahitya Chayan, 1994. Todas as referências do resto do capítulo são a essa tradução.

partes de seu império. Eles entram numa discussão sem fim sobre metodologia e, especialmente, livros didáticos. "Para que possamos alcançar nosso objetivo, quanto mais livros didáticos, melhor!", dizem eles. A ave ganha um lindo prédio escolar: uma gaiola dourada. Os eruditos professores mostram ao rajá o impressionante método de instrução que inventaram. "O método era tão estupendo que, comparada a ele, a ave parecia ridiculamente desimportante." Assim, "com o livro didático numa mão e uma vara na outra, os gurus [eruditos professores] deram à pobre ave o que pode ser adequadamente chamado de lições!".

Um dia o bicho morreu. Durante um bom tempo, ninguém percebeu. Os sobrinhos do rajá vêm trazer a notícia:

> Os sobrinhos disseram: "Senhor, a educação da ave chegou ao fim."
> "Ela dança?", perguntou o rajá.
> "Jamais!", disseram os sobrinhos.
> "Ela voa?"
> "Não."
> "Tragam-me a ave", disse o rajá.
> Trouxeram-lhe a ave... O rajá cutucou seu corpo com o dedo. O que se ouviu foi apenas o ruído das folhas de livro que serviam de enchimento roçando umas nas outras.
> Do lado de fora da janela, o sussurro da brisa primaveril por entre as folhas de asoka recém-brotadas enchiam de melancolia a manhã de abril.

Os alunos da escola de Tagore em Santiniketan não tiveram essa triste sina. Toda a educação que eles receberam serviu para alimentar a capacidade de pensar por si próprios e de se tornar participantes dinâmicos das escolhas culturais e políticas, em vez de simplesmente seguir a tradição. Além disso, Tagore era especialmente sensível ao ônus injusto que os costumes ultrapassados impunham às mulheres. De fato, a maioria dos questionadores exigentes de suas peças e histórias são mulheres, uma vez que a insatisfação com sua sina as estimula a desafiar e a pensar. Em seu musical *The Land of Cards* [O país dos cartazes], todos os habitantes desse país agem de maneira mecânica, encarnando vidas bidimensionais nas formas definidas pelo cartaz que estão usando – até que as mulheres começam a pensar e a questionar. Portanto, o socratismo de Tagore, como sua coreografia, é moldado pela defesa apaixonada da emancipação das mulheres, assim como por sua própria experiência infeliz nas escolas antiquadas.

A escola fundada por Tagore era, sob vários aspectos, extremamente não convencional. Quase todas as aulas eram dadas ao ar livre. As ciências humanas permeavam todo o currículo, e, tal como mencionado, artistas e escritores talentosos acorreram para a escola a fim de participar da experiência. Contudo, o questionamento socrático ocupava a posição de destaque, tanto do currículo como do método de ensino. Os alunos eram estimulados a deliberar sobre as decisões que influenciavam sua vida diária e a tomar a iniciativa de organizar reuniões. Os planejamentos escolares descrevem a escola, frequentemente, como uma comunidade autogovernada na qual as crianças são estimuladas a buscar a autoconfiança e a liberdade intelectual. Num planejamento escolar, Tagore escreve: "A mente receberá suas impressões... por meio da liberdade plena concedida para a investigação e a experiência e, ao mesmo tempo, será estimulada a pensar por si mesma... Nossa mente não atinge a verdadeira liberdade adquirindo materiais de conhecimento e apoderando-se das ideias de outras pessoas, e sim formando seus próprios critérios de julgamento e produzindo seus próprios pensamentos."[12] Relatos dessa prática dão conta de que ele frequentemente punha os problemas diante dos alunos e extraía respostas deles por meio do questionamento, à maneira socrática.

Outro artifício que Tagore utilizava para estimular o questionamento socrático era o *role-playing* [RPG, ou jogo de interpretações], no qual se pedia que as crianças trocassem seu ponto de vista pelo de outra pessoa. Isso lhes permitia experimentar outras posições intelectuais e compreendê-las de dentro. Começamos a

---

[12] Citado por K. M. O'Connell, *Rabindranath Tagore*, ibid.

perceber aqui a ligação estreita que Tagore forjou entre o questionamento socrático e a empatia criadora: discutir à maneira socrática exige a capacidade de compreender outras posições a partir de seu interior, e essa compreensão frequentemente oferece novos estímulos para desafiar a tradição de forma socrática.

Nossa digressão histórica nos revelou uma tradição viva que utiliza valores socráticos para produzir determinado tipo de cidadão: atuante, crítico, curioso, capaz de resistir à autoridade e à pressão dos iguais. Esses exemplos históricos nos mostram o que foi feito, mas não o que devemos ou podemos fazer aqui e agora, nas escolas de ensino fundamental e médio de hoje. Os exemplos de Pestalozzi, Alcott e Tagore são úteis, mas bastante genéricos. Eles não dão ao professor médio de hoje muita orientação sobre como estruturar o aprendizado de modo que ele extraia e desenvolva a capacidade da criança de compreender a estrutura lógica de um argumento, de detectar um raciocínio malfeito, de reclamar da ambiguidade – em suma, de fazer, no nível adequado à idade, o que os professores de Tucker faziam em seu curso de ensino superior. Na verdade, um dos grandes defeitos da experiência de Tagore – compartilhado, até certo ponto, por Pestalozzi e Alcott – é que ele não prescreveu nenhum método que os outros pudessem utilizar em sua ausência. É claro que prescrever é uma questão delicada quando o que se deseja produzir é a libertação do controle obsoleto da autoridade. Froebel e Dewey oferecem uma orientação mais definida porque não se limitam a teorizar, eles também recomendam alguns procedimentos gerais para a educação inicial que outros, em épocas e lugares diferentes, imitaram e reformularam com enorme sucesso. Dewey, no entanto, nunca tratou sistematicamente da questão de como se poderia ensinar o raciocínio crítico socrático a crianças de diferentes idades. Desse modo, suas propostas permanecem genéricas e precisam ser complementadas pelo professor, que pode, ou não, estar preparado para aplicar essa abordagem[13].

Contudo, os professores que desejam ensinar socraticamente dispõem de uma fonte contemporânea de orientação prática (a qual, é claro, deve representar apenas parte de um programa geral para organizar uma sala de aula socrática em que as crianças sejam, ao longo do dia, participantes ativas e curiosas). Eles podem encontrar recomendações muito úteis – que, no entanto, não são ditatoriais – acerca da pedagogia socrática numa coleção de livros produzida pelo filósofo Matthew Lipman, cujo curso Filosofia para Crianças foi desenvolvido no Institute for the Advancement of Philosophy for Children da Montclair State College, em Nova Jersey. Lipman parte da convicção de que as crianças pequenas são seres atuantes e questionadores cuja capacidade de investigar e indagar tem de ser respeitada e desenvolvida ainda mais – um ponto de partida que ele compartilha com a tradição progressista europeia. Ele e seu colega filósofo Gareth Matthews também compartilham o ponto de vista de que as crianças são capazes de produzir um raciocínio filosófico interessante, de que elas não se movem apenas de forma predeterminada de uma etapa para a outra, mas que refletem ativamente sobre as grandes questões da vida, e que os *insights* a que elas chegam devem ser levados a sério pelos adultos[14].

Lipman também acredita que as crianças podem tirar proveito desde cedo de uma atenção específica às características lógicas do pensamento e que elas são naturalmente capazes de deduzir uma estrutura lógica, mas que geralmente é preciso orientá-las e guiá-las para que possam desenvolver suas qualidades. Sua coleção de livros – em que ideias complexas são sempre apresentadas por meio de histórias envolventes sobre crianças que

---

[13] Maria Montessori (1870-1952), grande educadora, seguidora de Pestalozzi e que mantinha contato com Tagore, fez recomendações tão minuciosas com relação à rotina escolar que o movimento educacional mundial que ela inspirou tem sido, até certo ponto, atrapalhado pelo grau de orientação proposto por ela e pelo senso de autoridade que ela impôs.
[14] Ver Gareth Matthews, *Philosophy and the Young Child*. Cambridge, MA: Harvard University Press, 1982, e *Dialogues with Children*. Cambridge, MA: Harvard University Press, 1984.

descobrem coisas sozinhas – mostra com frequência como essa atenção à estrutura lógica dá bons resultados na vida cotidiana e se contrapõe a preconceitos e estereótipos sem fundamento. Dois exemplos de seu primeiro livro, *Harry Stottlemeier's Discovery* [A descoberta de Harry Stottlemeier], ilustram essa ideia básica. Harry (cujo nome, é claro, faz alusão a Aristóteles e a sua descoberta – e à de Harry –, o silogismo) está brincando com as frases e faz uma descoberta: algumas frases não podem ser invertidas. É verdade que "todos os carvalhos são árvores", mas não é verdade que "todas as árvores são carvalhos". É verdade que "todos os planetas giram em torno do Sol", mas não é verdade que "todas as coisas que giram em torno do Sol são planetas". Ele conta sua descoberta à amiga Lisa; ela, porém, observa que ele se engana ao dizer "que as frases não podem ser viradas ao contrário". Frases que começam com "Nenhum/Nenhuma" funcionam de maneira diferente. "Nenhuma águia é leão", mas também está certo dizer que "nenhum leão é águia". Os dois amigos embarcam alegremente em outros jogos de linguagem, tentando organizar o terreno para eles próprios.

Nesse meio-tempo, a vida se intromete. A mãe de Harry está conversando com a vizinha, a sra. Olson, que tenta espalhar uma fofoca sobre uma nova vizinha, a sra. Bates. "Essa sra. Bates", diz ela, "... todo dia eu a vejo entrando na loja de bebidas. Ora, você sabe como eu me preocupo com essa pobre gente que não consegue parar de beber. Todo dia eu a vejo entrando na loja de bebidas. Bem, isso me faz pensar se a sra. Bates não seria, você sabe..."

Harry tem uma ideia. "Sra. Olson", diz ele, "só porque, para a senhora, todas as pessoas que não conseguem parar de beber são pessoas que frequentam a loja de bebidas, isso não quer dizer que todas as pessoas que frequentam a loja de bebidas são pessoas que não conseguem parar de beber." Embora a mãe de Harry o repreenda por interromper, ele percebe, pela expressão de seu rosto, que ela gostou do que ele disse.

A lógica é concreta, influenciando com frequência as relações humanas. Um monte de insultos e estereótipos funciona exatamente dessa maneira, por meio de uma inferência falaciosa. A capacidade de detectar a falácia é uma das coisas que tornam a vida democrática tolerável. Harry e o amigo Tony, junto com o professor, estão formulando a diferença entre "todo(a)" e "só". "Todo(a)", como "todos(as)", introduz uma frase que não pode ser invertida. Tony diz a Harry que seu pai quer que ele seja um engenheiro como ele porque Tony é bom em matemática. Tony sente que existe um problema no argumento do pai, mas não sabe bem o que é. Harry percebe o problema: o fato de que "todos os engenheiros são pessoas boas em matemática" não significa que "todas as pessoas boas em matemática são engenheiros" – ou, o que é equivalente, que "só engenheiros são bons em matemática". De volta para casa, Tony chama a atenção do pai para isso; felizmente, o pai fica impressionado com a perspicácia do filho em vez de ficar aborrecido por ele não ter gostado de seu conselho profissional. Ele ajuda Tony a traçar um quadro da situação; um círculo grande representa as pessoas que são boas em matemática. Um círculo menor dentro dele representa os engenheiros, que também são bons em matemática. Claramente, porém, existe espaço para algo mais dentro do círculo grande. "Você tem razão", diz o pai de Tony com um sorriso resignado, "você tem toda a razão."[15]

Tudo isso acontece nas primeiras páginas do primeiro título da coleção de livros de Lipman, destinado a crianças entre dez e catorze anos. Além de ficarem mais complexos de um volume para o outro, os livros cobrem áreas diferentes: mente, ética, e assim por diante. A sequência completa, a filosofia e a utilização pedagógica estão muito bem explicadas num livro para os professores, *Philosophy in the classroom* [Filosofia na sala de aula], que também discute a formação do professor e os elementos básicos de um programa de mestrado nessa área[16]. A coleção como um

---

[15] Matthew Lipman, *Harry Stottlemeier's Discovery*. Montclair, NJ: Institute for the Advancement of Philosophy for Children, 1982, pp. 1-14.
[16] M. Lipman, A. M. Sharp e F. S. Oscanyan, *Philosophy in the Classroom*. Filadélfia: Temple University Press, 1980.

todo leva os alunos a começar a lidar sozinhos com os diálogos socráticos de Platão, mais ou menos o ponto em que começa a aula de Billy Tucker, embora ele também possa ser alcançado mais cedo por crianças expostas regularmente às técnicas socráticas.

Essa coleção foi pensada para as crianças americanas. Parte de seu apelo vem da informalidade e do humor delicado que a permeia; portanto, deverá ser reescrita à medida que a cultura muda, e será preciso inventar versões diferentes para diferentes culturas. O que importa é perceber que existe um material como esse disponível, e que o professor que quiser fazer o que Sócrates, Pestalozzi e Tagore fizeram não precisará ser um gênio criativo como eles. Alguns métodos franqueados não têm vida e são excessivamente direcionados por si sós; alguns ficam assim por serem mal aplicados. Nesse caso, porém, o humor e o frescor dos próprios livros, além do respeito pelas crianças, representam defesas sólidas contra a má utilização. Os livros, obviamente, não constituem uma abordagem socrática completa da educação. O caráter da escola e da sala de aula tem de ser incutido respeitando-se a vigorosa capacidade intelectual da criança, e para isso Dewey é um guia especialmente eficaz. Não obstante, eles de fato oferecem um dos elementos desse modelo educacional de forma acessível e alegre.

O desejo de tornar as salas de aula do ensino fundamental e médio salas de aula socráticas não é utópico; nem requer talento. Encontra-se bem ao alcance de qualquer comunidade que respeite a inteligência de suas crianças e as necessidades de uma democracia em via de desenvolvimento. Mas o que está acontecendo hoje? Bem, em muitos países Sócrates nunca esteve na moda ou faz muito tempo que saiu de moda. As escolas públicas indianas são, de maneira geral, lugares melancólicos em que a aprendizagem se dá por meio da repetição, insensíveis às conquistas de Tagore e de seus colegas educadores socráticos. Os Estados Unidos estão numa situação um pouco melhor porque Dewey e suas experiências socráticas tiveram uma grande influência. As coisas, porém, estão mudando rapidamente, e o capítulo conclusivo do livro mostrará o quão perto estamos do colapso do ideal socrático. As democracias do mundo inteiro estão subestimando e, portanto, ignorando competências de que precisamos desesperadamente para manter as democracias vivas, respeitosas e responsáveis.

V. Cidadãos do mundo

E, portanto, temos de batalhar e trabalhar, e trabalhar bastante, para tornar nossos sonhos realidade. Esses sonhos são para a Índia, mas também são para o mundo, pois todas as nações e povos estão por demais unidos hoje para que qualquer um deles imagine que possa viver sozinho. Diz-se que a paz é indivisível; o mesmo acontece hoje com a liberdade e a prosperidade, e também com a desgraça, neste Mundo Único que não pode mais ser dividido em fragmentos isolados.

– Jawaharlal Nehru, discurso feito na véspera da independência da Índia, 14 de agosto de 1947

Repentinamente, nos damos conta de que os muros que separavam as diferentes raças sucumbiram, e nos descobrimos de pé, face a face.

– Tagore, *The Religion of Man*, 1931

Vivemos num mundo em que as pessoas se defrontam umas com as outras por meio de golfos geográficos, linguísticos e de nacionalidade. Mais do que em qualquer outra época do passado, dependemos de pessoas que nunca vimos, e elas dependem de nós. Os problemas que precisamos resolver – econômicos, ambientais, religiosos e políticos – têm um alcance global. Não há esperança de resolvê-los a não ser que as pessoas outrora distantes se aproximem e cooperem como nunca fizeram antes. Pensem no aquecimento global; em regulações comerciais razoáveis; na proteção do meio ambiente e das espécies animais; no futuro da energia nuclear e nos riscos das armas atômicas; nos movimentos trabalhistas e no estabelecimento de normas razoáveis de trabalho; na proteção das crianças contra o tráfico, o abuso sexual e o trabalho forçado. Todos esses problemas só podem ser tratados por meio de debates transnacionais. Essa lista poderia ser ampliada quase infinitamente.

Nenhum de nós escapa dessa interdependência global. A economia global deixou-nos todos ligados a vidas que estão distantes de nós. Nossas decisões mais simples como consumidores afetam o padrão de vida de pessoas de países distantes que estão envolvidas na produção de bens utilizados por nós. Nossa vida cotidiana pressiona o meio ambiente global. É irresponsável enterrar a cabeça na areia, ignorando as diversas formas por meio das quais influenciamos, diariamente, a vida de povos distantes. Por conseguinte, a educação deveria nos equipar para que atuássemos efetivamente nessas discussões, considerando-nos como "cidadãos do mundo", para usar uma expressão consagrada pelo tempo, em vez de simplesmente americanos, indianos ou europeus.

Contudo, na falta de conhecimentos básicos adequados relativos à cooperação internacional nas escolas e universidades do mundo, é provável que nossas interações humanas sejam mediadas pelas normas inadequadas da troca comercial, em que as vidas humanas são consideradas principalmente instrumentos de lucro. Portanto, as escolas, as faculdades e as universidades do mundo têm uma tarefa importante e urgente: desenvolver nos estudantes a capacidade de se perceberem como membros de uma nação heterogênea (pois todas as nações modernas são heterogêneas) e de um mundo ainda mais heterogêneo, e inteirar-se um pouco da história e da natureza dos diversos grupos que nela habitam.

Esse aspecto da educação exige uma grande quantidade de conhecimentos factuais que mesmo os alunos que cresceram há trinta anos nunca tiveram, ao menos nos Estados Unidos: conhecimento a respeito dos diversos subgrupos (étnicos, nacionais, religiosos, com base em gênero) que compõem o próprio país, de

CIDADÃOS DO MUNDO

suas conquistas, lutas e contribuições; e um conhecimento igualmente complexo a respeito de países e tradições além das suas.

(Embora sempre tivéssemos ensinado os jovens sobre regiões sem importância do mundo, até muito recentemente nunca havíamos tentado compreender as nações e as regiões importantes de forma sistemática, tratando todas as regiões como importantes.) Ainda que o conhecimento não seja garantia de bom comportamento, a ignorância é praticamente garantia de mau comportamento. Estereótipos culturais e religiosos tolos existem em abundância no mundo: por exemplo, a equivalência simplória do islã com o terrorismo. O modo de começar a combater esses estereótipos é assegurar que os alunos aprendam, desde muito cedo, a ter uma relação diferente com o mundo, mediada por fatos corretos e uma curiosidade respeitosa. Os jovens precisam começar a compreender gradativamente tanto as diferenças que tornam difícil a compreensão entre grupos e nações como as necessidades e interesses humanos compartilhados que tornam a compreensão fundamental se quisermos resolver os problemas comuns.

A tarefa de ensinar a ser um cidadão global bem informado parece tão imensa que nos sentimos tentados a desistir e dizer que é impossível realizá-la, e que é melhor nos apegarmos ao nosso próprio país. É claro que, mesmo para compreender nosso próprio país, é preciso analisar os grupos que o compõem, e isso raramente foi feito nos Estados Unidos no passado. Também é preciso compreender a imigração e sua história, o que naturalmente nos leva a pensar nos problemas existentes em outros países que causaram a imigração. E ninguém deveria admitir que existe uma maneira de compreender a história do próprio país sem situá-la num contexto global. Toda análise histórica completa da própria nação exige um conhecimento básico de história mundial. Hoje, no entanto, nós precisamos da história mundial e do conhecimento global por razões que vão além do que é necessário para entender nosso próprio país. Os problemas que enfrentamos e as responsabilidades que trazemos exigem que estudemos as nações e as culturas do mundo de forma mais concentrada e sistemática.

81

Pensem, por exemplo, no que é preciso saber para entender de onde vêm os produtos que usamos diariamente: refrigerantes, roupas, café, comida. Antigamente, os educadores cujo foco era a cidadania responsável faziam questão de que as crianças percorressem a complicada história do trabalho que deu origem a tais produtos – como uma lição sobre o modo pelo qual seu próprio país havia construído a economia e sua oferta de empregos, recompensas e oportunidades. Esse tipo de conhecimento era e é importante para a cidadania, uma vez que ele faz com que tenhamos consciência dos diversos grupos que compõem a sociedade, seus diferentes trabalhos e suas diferentes condições de vida, e nos preocupemos com eles. Hoje, contudo, qualquer história desse tipo é uma história mundial. Não é possível entender nem mesmo de onde vem um simples refrigerante sem pensar na vida das pessoas dos outros países. Quando agimos assim, faz sentido perguntar sobre as condições de trabalho dessas pessoas, sua educação e as relações trabalhistas em que elas estão envolvidas. E quando fazemos essas perguntas, precisamos pensar nas responsabilidades que temos com relação a elas como agentes da criação da situação a que estão sujeitas diariamente. Como a rede internacional – da qual nós, consumidores, somos um elemento decisivo – moldou suas condições de trabalho? Que oportunidades elas têm? Devemos concordar em ser parte da rede causal que gera essa situação ou devemos exigir mudanças? Como podemos promover um padrão de vida decente para aqueles que, fora de nossas fronteiras, produzem o que precisamos – do mesmo modo que nos sentimos comprometidos a fazer em prol dos trabalhadores de nosso país?

Para refletir corretamente sobre essas questões, os jovens precisam entender como a economia mundial funciona. Eles também precisam entender a história de tais acordos – o papel do colonialismo no passado, do investimento externo e das empresas multinacionais mais recentemente – para que possam perceber como acordos que, em muitos casos, não foram escolhidos pelos habitantes locais determinam suas oportunidades de vida.

Igualmente decisivo para o êxito da democracia em nossa época é compreender as inúmeras tradições religiosas do mundo. Não existe nenhuma esfera (exceto, talvez, a da sexualidade) em que seja maior a probabilidade de as pessoas criarem estereótipos degradantes do outro que impedem o respeito mútuo e a discussão produtiva. Como as crianças têm uma curiosidade natural a respeito de rituais, cerimônias e comemorações de outras nações e religiões, uma boa ideia é capitalizar essa curiosidade logo cedo, apresentando histórias das diversas tradições do mundo de modo adequado à faixa etária, pedindo a crianças de diferentes origens que descrevam suas crenças e práticas e, em termos gerais, criando na sala de aula um sentimento de curiosidade e respeito total. Às vezes as crianças podem muito bem ouvir uma história hindu ou budista, em vez de ouvir sempre uma história americana que expressa valores americanos e protestantes. (Na verdade, o hinduísmo e o budismo são as religiões que estão crescendo mais depressa nos Estados Unidos; portanto, esse tipo de exposição não vai promover apenas uma cidadania global mais plena, mas também uma cidadania americana mais plena.) Os currículos devem ser cuidadosamente planejados desde que as crianças são pequenas para divulgar um conhecimento do mundo, de suas histórias e de sua cultura sempre mais rico e nuançado.

Nossos exemplos históricos também deixaram claro esse objetivo. Voltando para a escola de Tagore na Índia, podemos nos perguntar como ele partiu para formar cidadãos responsáveis de uma nação pluralista num mundo complexo e interligado. Tagore preocupou-se, ao longo da vida, com o problema dos conflitos étnicos e religiosos e com a necessidade da cooperação internacional. Ele defende, em *Nationalism*, que o desafio mais urgente da Índia é superar as divisões de casta e de religião e o tratamento injusto e humilhante que as pessoas sofrem em razão dessas divisões. Em *The Religion of Man* estende sua análise para o cenário mundial, sustentando que os países do mundo estão agora face a face, e só podem evitar a catástrofe se aprenderem a se compreender mutuamente e a buscar, de forma cooperativa, o futuro do conjunto da humanidade. Tagore acreditava que os horrores da Primeira Guerra Mundial foram em grande parte provocados por fracassos culturais, já que as nações haviam ensinado seus jovens a preferir a dominação ao entendimento mútuo e à reciprocidade. Ele decidiu criar uma escola que se saísse melhor, que formasse pessoas capazes de participar do debate internacional de maneira cooperativa e respeitosa.

Consequentemente, a escola de Tagore desenvolveu estratégias que tornavam os alunos cidadãos do mundo, capazes de pensar de maneira responsável acerca do futuro do conjunto da humanidade. Um ponto decisivo era informar as crianças desde cedo a respeito das diversas tradições religiosas e étnicas. Festivais celebravam a amizade entre hindus, cristãos e muçulmanos[1], e as crianças frequentemente aprendiam acerca de outros costumes atuando em festividades de diferentes religiões[2]. Eles se esforçavam sempre para enraizar a educação dos alunos na cultura local, proporcionando a cada um deles um domínio sólido da língua e das tradições bengalis, para, em seguida, ampliar seus horizontes de modo a incluir as culturas mais distantes.

Visva-Bharati, a universidade que Tagore fundou para estender ao ensino superior seu projeto de educação em ciências humanas, levou a ideia de cidadania global ainda mais longe, considerando que a educação devia aspirar a um tipo interdisciplinar nuançado de cidadania e entendimento globais. Um folheto de 1929 traz a seguinte afirmação:

> Espera-se que os estudantes universitários se familiarizem com a atividade das instituições existentes e dos novos movimentos fundados nos diversos países do mundo para melhorar a situação social do povo. Exige-se também que eles se dediquem a estudar as organizações internacionais, para que sua postura possa se adaptar melhor às necessidades da paz.[3]

[1] K. M. O'Connell, *Rabindranath Tagore*, op. cit., p. 148.
[2] Amita Sen, *Joy in All Work*. Calcutá: Bookfront Publication Forum, 1999.
[3] K. M. O'Connell, *Rabindranath Tagore*, op. cit., p. 148.

Ainda que esta seja apenas uma descrição parcial da educação que se tinha em vista, ela revela que os objetivos de Tagore tinham muito em comum com o que recomendo, embora minhas propostas se concentrem um pouco mais do que as dele na necessidade de um conhecimento histórico factualmente correto e uma compreensão técnica da economia.

Dewey também almejava que a educação estivesse voltada para a cidadania global desde o momento em que a criança entrava na escola. Ele enfatizava que o ensino de história e de geografia deveria estimular uma comparação adequada com os problemas práticos do presente. A história econômica era um elemento vital do que os alunos precisavam aprender; Dewey acreditava que, quando o ensino de história se concentra exclusivamente nos aspectos políticos e militares, a cidadania democrática sofre: "A história econômica é mais humana, mais democrática e, consequentemente, mais liberalizante que a história política. Ela não trata da ascensão e da queda de principados e potestades, mas do desenvolvimento, por meio do domínio da natureza, das verdadeiras liberdades do homem comum, para quem as potestades e os principados existem."[4] Essa declaração parece relativamente previsível hoje, já que – não importa o que aconteça nas salas de aula do ensino fundamental – a maioria dos historiadores profissionais reconhece a enorme importância da história econômica e social; além disso, esse campo de estudos tem produzido uma grande quantidade de trabalhos excelentes que dizem respeito à vida cotidiana e sua interação com a economia. No entanto, para a época, a declaração de Dewey era radical, uma vez que tanto o ensino como a academia estavam preocupados com "potestades e principados".

Dewey praticava o que pregava. Na Escola Laboratório, por exemplo, até mesmo as crianças muito novas aprendiam a fazer perguntas sobre os processos de produção dos objetos que usavam diariamente. Ao tecer a roupa, elas aprendiam de onde vinham os

---

[4] J. Dewey, *Democracy and Education*. Nova York: Macmillan, 1916; reed. Mineola, NY: Dover, 2004, p. 207.

materiais, como eles eram fabricados e qual cadeia laboral e comercial os trouxe até a sala de aula. Esse processo geralmente as transportava para longe de casa, não apenas para regiões de seu próprio país sobre as quais elas até então pouco conheciam, mas também para muitos outros países. As crianças cuidavam de animais e de um jardim, aprendendo, assim, o que significa de fato assumir essas responsabilidades diariamente, algo que Dewey considerava mais valioso do que qualquer quantidade de "lições objetivas" apresentadas em sala de aula, e algo que também as deixava curiosas a respeito das formas de cultivo e de cuidado em outras partes do mundo. Como já vimos, em geral as crianças aprendiam a considerar a vida cotidiana como uma continuação do que aprendiam na escola e a extrair da escola algo significativo que podiam aplicar na vida cotidiana. Dewey enfatizava que o foco em atividades da vida real também é útil do ponto de vista pedagógico; as crianças ficam mais animadas e mais concentradas do que quando são meros recipientes passivos. "O importante", concluiu ele, "... é que cada um receba a educação que lhe permita perceber todo o significado generoso e humano que existe em suas atividades diárias."[5]

Essa passagem nos mostra que Dewey é mal compreendido se for interpretado como alguém que denigre as humanidades e aconselha que todo saber tem de ser útil, como um mero instrumento para alcançar um fim prático imediato. O que desagradava a Dewey (como a Rousseau) era o conhecimento abstrato desligado da vida humana. No entanto, ele tinha uma concepção generosa e não reducionista da vida humana, insistindo que os relacionamentos humanos fossem plenos de significado, emoção e curiosidade.

A educação para a cidadania global é um tema vasto e complexo que precisa incluir as contribuições da história, da geografia, dos estudos culturais interdisciplinares, da história do direito e dos sistemas políticos e do estudo da religião – todos interagindo

[5] J. Dewey, *The School and Society*, op. cit., pp. 11, 15, 24 e 89.

entre si, e todos agindo de modo cada vez mais sofisticado à medida que as crianças amadurecem. E suas demandas pedagógicas também são complexas. Dewey e Tagore enfatizaram corretamente a importância do aprendizado ativo para as crianças pequenas. À medida que as crianças ficam mais velhas, embora a ligação com a vida e os afazeres reais nunca deva ser perdida, o conhecimento pode se tornar teoricamente mais sofisticado. Embora não exista uma receita única para fazer isso, muitas são as maneiras adequadas de fazê-lo. Não obstante, pelo menos podemos descrever algumas maneiras inadequadas de agir.

Uma maneira inadequada era a regra que existia quando eu estava na escola: simplesmente não aprender nada sobre a Ásia ou a África, suas histórias e culturas, nem aprender nada sobre as principais religiões do mundo além do cristianismo e do judaísmo. Embora tivéssemos, de fato, aprendido um pouquinho sobre a América Latina, ficávamos, no geral, com o olhar fixo na Europa e na América do Norte. Isso quer dizer que nunca vimos o mundo como um mundo, nunca entendemos a interação dinâmica entre as nações e povos que o compunham, nunca chegamos nem mesmo a compreender como, ou onde, os produtos que usamos diariamente eram produzidos. Como, então, poderíamos algum dia pensar de forma responsável a respeito das políticas públicas direcionadas às outras nações, das relações comerciais, dos inúmeros assuntos (do meio ambiente aos direitos humanos) que precisam ser enfrentados cooperativamente, de forma que transcenda as fronteiras nacionais?

Outra forma inadequada de ensinar a história do mundo é a escolhida pela direita hindu indiana na série de livros didáticos de história e estudos sociais que eles adotaram durante o curto período em que estiveram no poder. É verdade que esses livros abordavam o mundo todo – de certa forma. Contudo, eles interpretavam a história do mundo à luz da ideologia da supremacia hindu. Os hindus são retratados como uma civilização superior às outras. Quando viviam sem se misturar com os outros povos, tinham uma sociedade ideal. Em comparação, os muçulmanos sempre são retratados como belicosos e agressivos, e os distúrbios no subcontinente indiano tiveram início com a chegada deles. Além do mais, conforme o relato dos livros, os hindus eram nativos da terra, enquanto os outros grupos étnicos e religiosos eram estrangeiros. Trata-se de um mito, pois é quase certo que os ancestrais dos hindus da Índia migraram para o subcontinente vindo de fora, como demonstram a linguística histórica e a história da cultura material[6]. Embora a mentira nunca tenha promovido a compreensão entre os povos, toda a história mundial e suas diferentes culturas foram retratadas através dessas lentes distorcidas.

Esses foram erros de ação. Igualmente graves foram os erros de omissão: o fracasso completo dos livros em retratar as diferenças de casta, classe e gênero como a origem da desigualdade social na antiga Índia, dando a entender, portanto, que a antiga Índia era um maravilhoso lugar em que reinava a igualdade, onde ninguém era inferior a ninguém. O espírito crítico que deve permear toda educação para a cidadania global foi completamente suprimido.

Finalmente, os livros eram horríveis do ponto de vista pedagógico. Não conseguiam ensinar os alunos a construir as narrativas históricas a partir das evidências, além de não ensinar nenhuma técnica para examiná-las e avaliá-las. Em vez disso, estimulavam a memorização por meio da repetição, desestimulavam o raciocínio crítico e davam a entender que, simplesmente, só existe uma história correta (a que retrata a glória e a perfeição hindus), da qual nenhuma pessoa respeitável poderia duvidar[7].

Como esse exemplo ruim e os bons exemplos do Programa Internacional de Solução de Futuros Problemas e do Modelo ONU demonstram, a história mundial, a geografia e os estudos culturais só vão promover o desenvolvimento humano se forem ensinados de uma forma que seja inspirada por um raciocínio agudo e crítico. (O Modelo ONU é uma forma excelente de estimular esse tipo de

---

[6] Ver M. Nussbaum, *The Clash Within*, op. cit., cap. 7.
[7] Para uma análise detalhada das passagens específicas, ver M. Nussbaum, *The Clash Within*, op. cit., cap. 7.

aprendizado; o mesmo acontece com o Programa Internacional de Solução de Futuros Problemas, um programa transnacional no qual as crianças aprendem a criar soluções para os problemas globais usando o raciocínio crítico e a imaginação[8].) Mesmo que os fatos corretos sejam apresentados aos alunos, o que não era o caso aqui, a história não pode ser ensinada de maneira adequada se for ensinada como uma sequência de fatos, que é uma abordagem bastante comum. Para ser um bom professor é preciso ensinar as crianças a perceber como a história é construída a partir de diversos tipos de fontes e de provas e a aprender a avaliar uma narrativa histórica comparando-a com outra. Criticar o que foi aprendido também faz parte da discussão em sala de aula; quando se estudam a história e a economia de uma cultura, devem-se fazer perguntas acerca das diferenças de poder e de oportunidade, do lugar das mulheres e das minorias e dos méritos e desvantagens das diferentes estruturas de organização política.

Em relação ao conteúdo curricular, o objetivo da cidadania global sugere que todos os jovens devem aprender os rudimentos da história do mundo (com foco na história social e econômica e também na história política), com uma sofisticação crescente com o passar do tempo, além de adquirir um conhecimento não estereotipado das principais religiões do mundo.

Ao mesmo tempo, eles devem aprender a se "especializar" – isto é, como eles podem investigar mais profundamente pelo menos uma tradição desconhecida –, adquirindo, assim, ferramentas que poderão ser usadas posteriormente em outra situação. Na escola isso é feito com frequência de maneira adequada permitindo-se que os alunos pesquisem a respeito de determinado país. Apesar de todos os defeitos da minha educação inicial, a escola estava atenta para o valor da pesquisa especializada; no sexto e no sétimo anos, como fui incumbida de fazer relatórios sobre o Uruguai e a Áustria, ainda lembro muito mais coisas a respeito desses países do que aprendi em geral sobre a América do Sul e a Europa. Em-

---

[8] Ver <www.fpspi.org>.

bora o objetivo da pesquisa se limitasse ao aprendizado das principais exportações e importações e dos produtos domésticos, exigiram até que pesquisássemos as economias dessas nações e suas relações comerciais.

Não há nenhuma dúvida de que as crianças pequenas podem começar a compreender os princípios da economia. Dewey foi muito bem-sucedido em conseguir que as crianças raciocinassem com profundidade a respeito dos produtos que usavam habitualmente e dos mecanismos de troca que controlavam o acesso das pessoas a eles. Esse conhecimento pode se tornar mais complexo à medida que as crianças forem ficando mais velhas, até que, no final do ensino médio, tenham uma compreensão suficiente dos mecanismos da economia global que lhes permita tomar decisões bem fundamentadas como consumidoras e eleitoras.

Um aspecto subestimado do aprendizado para a cidadania global é o conhecimento de uma língua estrangeira. Todos os alunos deveriam aprender pelo menos uma língua estrangeira bem. Perceber como outro grupo de seres humanos inteligentes fez um recorte diferente do mundo e como toda tradução significa uma interpretação imperfeita dá ao jovem uma lição fundamental de humildade cultural. Em geral, as escolas europeias desempenham muito bem essa tarefa, cientes de que, na verdade, as crianças precisarão se tornar fluentes em algum outro idioma (geralmente inglês). As escolas indianas também se saem razoavelmente bem nessa área, no sentido de que muitas crianças se tornam fluentes em inglês, além de aprender sua própria língua materna, e muitas daquelas cuja língua materna não é um dos dialetos indianos amplamente utilizados (como o hindi, o bengali e o tamil) muitas vezes também aprendem um deles. Os americanos, em comparação, são despreocupados, acostumados a pensar que basta saber inglês. Por essa razão, na maioria dos casos nossas escolas iniciam o ensino de línguas estrangeiras tarde demais, perdendo a oportunidade em que o domínio da língua é mais fácil e sua interiorização mais profunda. Mesmo que o idioma aprendido pertença a uma cultura relativamente conhecida, a compreensão da diferença que uma língua estrangeira transmite é insubstituível.

Mencionei o estudo de outros países. E quanto ao nosso próprio país? Embora os alunos ainda devam dedicar uma quantidade de tempo desproporcional à própria nação e a sua história, eles também devem fazê-lo como cidadãos do mundo, ou seja, pessoas que percebem que seu país faz parte de um mundo complexo e interligado e que mantém relações econômicas, políticas e culturais com outros povos e nações. No que diz respeito ao próprio país, devemos estimular sua curiosidade a respeito dos diversos grupos que o compõem, suas diferentes histórias e diferentes oportunidades de vida. A educação adequada para viver numa democracia pluralista deve ser multicultural; quero dizer com isso uma educação que familiarize os alunos com alguns fundamentos básicos sobre as histórias e culturas dos inúmeros grupos com os quais compartilham leis e instituições. Dentre eles devem estar os grupos religiosos, étnicos, econômicos, sociais e os baseados em gênero. Aprendizado de idiomas, história, economia e ciência política: tudo isso tem um papel na facilitação dessa compreensão – de diferentes maneiras e em diferentes níveis.

Ao chegar à universidade, os alunos precisam desenvolver suas capacidades como cidadãos do mundo de forma mais sofisticada. Assim como acontece com o raciocínio crítico, o ensino voltado para a formação de cidadãos do mundo deve fazer parte da cota básica de ciências humanas do currículo, seja o foco do aluno administração, engenharia, filosofia ou física. Nesse ponto, os cursos de história podem se tornar mais penetrantes e complexos, e o foco no método histórico e na avaliação das evidências mais explícito. Do mesmo modo, os cursos de religião comparada podem se tornar mais sofisticados e historicamente abrangentes.

Nesse ponto, também, todos os alunos devem adquirir um sólido conhecimento dos princípios básicos da economia e das transações econômicas globais, tendo por base os conhecimentos fundamentais adquiridos anteriormente. Embora o curso padrão de introdução à economia provavelmente seja um pouco limitado, pinçando princípios e métodos do estudo de teorias econômicas alternativas e da globalização, esse tipo de curso pelo menos transmite o conhecimento das principais técnicas e princípios. Ele pode ser complementado de maneira útil por um curso sobre globalização e valores humanos, ensinado tanto do ponto de vista da história como da teoria política. Ao mesmo tempo, todos os conceitos contidos na história estudada podem ser avaliados mais profundamente por meio de um curso sobre as teorias do direito social e internacional, ensinado do ponto de vista da filosofia e da teoria política. Os alunos que tiveram a sorte de receber uma educação socrática na escola estarão numa situação especialmente favorável para iniciar esse curso de filosofia. Porém, se os alunos receberem a formação recomendada por mim, todos também estudarão filosofia no ensino pré-universitário, e, portanto, terão condições de frequentar um curso mais avançado sobre direito contando com uma sólida formação.

No ensino pré-universitário, a necessidade de se "especializar" torna-se ainda mais evidente, uma vez que muito do que os alunos precisam aprender sobre uma cultura desconhecida exige um profundo conhecimento de sua história e de suas tradições. Só então é que eles podem avaliar como as diferenças de classe, casta e religião produzem diferentes oportunidades de vida; como a vida urbana é diferente da vida rural; como as diversas formas de organização política levam a diferentes oportunidades humanas; como mesmo a organização familiar e os papéis da mulher e do homem podem ser sutilmente modificados pelas políticas públicas e pelas leis. Como não se deve esperar que nenhum aluno aprenda tudo isso sobre todos os principais países do mundo, é fundamental que se concentre o foco numa tradição desconhecida. Uma vez que os alunos aprendam a pesquisar e aprendam o que perguntar, eles podem aplicar o que aprenderam em outra região do mundo (com a qual podem estar lidando em seu trabalho).

Os cursos pré-universitários não têm condições de transmitir o tipo de conhecimento que produz cidadãos do mundo a menos que disponham de uma estrutura baseada nas ciências humanas:

isto é, um conjunto de cursos de educação geral para todos os alunos, além do que o tema principal exige. Países como a Índia que não dispõem dessa estrutura podem tentar transmitir o mesmo conhecimento na escola de ensino médio, mas isso realmente não é suficiente para formar cidadãos responsáveis. O conhecimento mais sofisticado que só pode ser transmitido quando eles têm mais idade é indispensável para formar cidadãos que compreendam, de fato, os problemas globais e que possam ser responsabilizados pelas escolhas políticas de seu próprio país. A necessidade de cursos de ciências humanas está sendo cada vez mais reconhecida em países que não dispõem dessa estrutura. Na Índia, por exemplo, os renomados Institutos de Tecnologia e Administração (IITs, na sigla em inglês) têm assumido uma posição de vanguarda, introduzindo cursos de humanidades para todos os seus integrantes. Um professor do IIT de Mumbai disse-me que eles consideram que esses cursos desempenham uma função decisiva no favorecimento de interações respeitosas entre estudantes de diferentes procedências religiosas e de casta, bem como na preparação para uma sociedade em que tais diferenças precisam ser enfrentadas de forma respeitosa[9].

Será que a cidadania global realmente precisa das humanidades? Ela precisa de uma grande quantidade de conhecimento factual, e os alunos podem adquiri-lo sem uma educação humanista – por exemplo, absorvendo os fatos em livros didáticos padronizados como os utilizados pelo BJP, apenas substituindo os fatos incorretos pelos corretos, e aprendendo as técnicas básicas de economia. Contudo, a cidadania responsável exige muito mais: a capacidade de avaliar as provas históricas, de utilizar os princípios econômicos e de raciocinar criticamente a respeito deles, de avaliar relatos de justiça social, de falar um idioma estrangeiro, de compreender as complexidades das principais religiões do mundo. A parte factual sozinha poderia ser transmitida sem as competên-

---

[9] Conversa com D. Parthasarathy, mar. 2008 (numa conferência em Déli sobre ação afirmativa no ensino superior).

cias e as técnicas que acabamos associando às humanidades. Porém, uma lista de fatos, sem a capacidade de avaliá-los ou de compreender como a narrativa foi construída a partir das evidências, é quase tão ruim quanto a ignorância, uma vez que o aluno não será capaz de diferenciar estereótipos grosseiros difundidos por líderes políticos e culturais da verdade, ou afirmações falsas das verdadeiras. A história do mundo e o conhecimento econômico, então, devem ser humanísticos e críticos se quiserem ter alguma utilidade na formação de cidadãos do mundo inteligentes; e eles devem ser ensinados junto com o estudo das religiões e das teorias filosóficas do direito. Só então fornecerão uma base útil para os debates públicos que devemos realizar se quisermos cooperar na solução dos principais problemas da humanidade.

VI. Cultivar a imaginação: a literatura e as artes

Embora possamos nos tornar poderosos por meio do conhecimento, alcançamos a plenitude por meio da compaixão... Percebemos, contudo, que o ensino da compaixão, embora não seja sistematicamente ignorado nas escolas, é severamente reprimido.
– Rabindranath Tagore, "My School", 1916

Perceberão que estou olhando para a fruição altamente sofisticada que o adulto tem da vida, da beleza ou da invenção humana abstrata, e, ao mesmo tempo, para o gesto criativo de um bebê que procura a boca da mãe e sente seus dentes, e, ao mesmo tempo, olha dentro de seus olhos, percebendo-a de forma criativa. Para mim, o brincar leva naturalmente à experiência cultural, e constitui, na verdade, seu fundamento.
– Donald Winnicott, *O brincar e a realidade*, 1971

Os cidadãos não conseguem se relacionar de maneira adequada com o mundo complexo que os rodeia unicamente por meio do conhecimento factual e da lógica. A terceira qualidade do cidadão, intimamente relacionada às outras duas, é o que podemos chamar de imaginação narrativa[1]. Isso significa a capacidade de pensar como deve ser se encontrar no lugar de uma pessoa diferente de nós, de ser um intérprete inteligente da história dessa pessoa e de

---
[1] Ver M. Nussbaum, *Cultivating Humanity*, op. cit., cap. 3.

compreender as emoções, os anseios e os desejos que alguém naquela situação pode ter. O desenvolvimento da compreensão tem sido um elemento fundamental dos principais conceitos recentes sobre educação democrática, tanto nos países ocidentais como nos não ocidentais. Embora muito desse desenvolvimento deva acontecer na família, as escolas de ensino fundamental e médio, e mesmo as escolas técnicas e as universidades, também desempenham um papel importante. Se quiserem desempenhá-lo bem, elas devem reservar um lugar de destaque no currículo para as humanidades e para as artes, desenvolvendo um tipo de educação participativa que estimula e aprimora a capacidade de perceber o mundo através do olhar de outra pessoa.

Eu disse que as crianças nascem com uma capacidade rudimentar de compaixão e de preocupação com os outros. No entanto, suas primeiras experiências são geralmente dominadas por um poderoso narcisismo, uma vez que a ansiedade relacionada à alimentação e ao bem-estar ainda está desligada de qualquer percepção segura da realidade dos outros. Aprender a perceber outro ser humano não como um objeto, mas como uma pessoa completa, não é um acontecimento automático, mas uma conquista que exige a superação de muitos obstáculos, o primeiro deles é a total incapacidade de distinguir entre o eu e o outro. Razoavelmente cedo, na experiência típica da criança pequena humana, essa distinção torna-se gradativamente evidente à medida que os bebês, por meio da coordenação de sensações táteis e visuais, chegam à conclusão de que algumas coisas que eles veem fazem parte de seu corpo e outras não. Contudo, a criança pode compreender que os pais não fazem parte dela e nem por isso compreender que eles possuem um mundo interior feito de reflexão e sentimentos, e sem aceitar que esse mundo interior faça exigências relacionadas ao seu próprio comportamento. É fácil para o narcisismo assumir o controle nesse momento, escolhendo os outros como meros instrumentos dos desejos e sentimentos da criança.

A capacidade de se preocupar genuinamente com os outros tem várias precondições. Uma, como enfatizou Rousseau, é o grau de competência prática: a criança que sabe fazer as coisas sozinha não precisa transformar os outros em escravos; além disso, a maturidade física crescente normalmente liberta a criança da total dependência narcisista dos outros. Uma segunda precondição, que enfatizei quando falei sobre o nojo e a vergonha, é reconhecer que o controle total não é possível nem desejável e que o mundo é um lugar em que todos nós temos fragilidades e precisamos encontrar uma forma de nos apoiar mutuamente. Esse reconhecimento implica a capacidade de perceber o mundo como um lugar em que não se está sozinho – um lugar em que outras pessoas têm suas próprias vidas e necessidades, e o direito de se preocupar com elas. Como alguém que considerasse o mundo um lugar em que formas estranhas circulam atendendo às suas próprias exigências encararia os outros dessa forma?

Não há dúvida de que parte da resposta a essa pergunta está dada em nossa bagagem inata. A troca natural de sorrisos entre o bebê e o genitor mostra uma disposição de reconhecer a humanidade no outro, e os bebês logo passam a sentir prazer nesse reconhecimento. Não obstante, outra parte da resposta é dada pela atividade lúdica, que fornece uma terceira e decisiva precondição da preocupação com os outros: a capacidade de imaginar como pode ser a experiência do outro.

Um dos relatos mais influentes e atraentes da representação criativa é feito pelo pediatra e psicanalista britânico Donald Winnicott (1896-1971). Winnicott começou a praticar a psicanálise após tratar durante muitos anos de uma grande variedade de crianças em sua clínica pediátrica, que ele conservou a vida toda. Assim, seus pontos de vista são permeados por uma diversidade maior de experiências clínicas do que os da maioria dos teóricos psicanalíticos, fato esse que ele costumava ressaltar, dizendo que não estava interessado em curar sintomas, mas em tratar das pessoas como um todo, cheias de vida e de entusiasmo. Seja qual for a origem de seus pontos de vista a respeito da atividade lúdica no desenvolvimento das crianças, eles tiveram uma ampla e generalizada influência cultural que independe de qualquer concordância prévia com as ideias psicanalíticas. (Por exemplo, parece provável, como Winnicott acreditava, que o cobertor que Linus usa como proteção nos cartuns de *Minduim*, de Charles Schultz, seja uma representação do conceito de "objeto transicional" do psicanalista.) Como um médico que examinou um grande número de crianças saudáveis, Winnicott confiava no desdobramento do processo de desenvolvimento, o qual, se tudo corresse bem, produziria a preocupação ética – e a base de uma democracia saudável – como uma consequência de antigos conflitos. Ele achava que o desenvolvimento normalmente transcorre bem, e que os pais normalmente se saem bem. Os pais se preocupam com os filhos desde cedo, atendendo de maneira adequada a suas necessidades, permitindo que o ego da criança se desenvolva gradativamente e que finalmente se expresse. (Embora geralmente utilizasse a palavra "mãe", Winnicott enfatizou sempre que "mãe" era uma categoria funcional, e que seu papel poderia ser desempenhado por pais de um ou de ambos os sexos. Ele também enfatizou o caráter maternal de seu próprio papel como analista.)

Como inicialmente o bebê é incapaz de perceber o genitor como um objeto definido, ele é incapaz de ter sentimentos plenamente desenvolvidos. Seu mundo é simbiótico e basicamente narcisista. No entanto, gradativamente os bebês desenvolvem a capacidade de ficar sozinhos – auxiliados pelos "objetos transicionais", nome que Winnicott deu aos cobertores e bichinhos de pelúcia que aliviam as crianças quando os pais estão ausentes. Por fim, a criança geralmente desenvolve a capacidade de "brincar sozinha na presença da mãe", um sinal muito importante da confiança crescente no desenvolvimento do ego. Nesse ponto, a criança começa a ser capaz de se relacionar com o genitor como uma pessoa completa, em vez de considerá-lo uma extensão de suas próprias necessidades.

Winnicott acreditava que a atividade lúdica é crucial durante toda a fase de desenvolvimento. Tendo crescido numa família profundamente religiosa e repressora em que a atividade lúdica criativa era fortemente desestimulada, e tendo enfrentado, como consequência disso, sérias dificuldades de relacionamento na vida adulta, ele acabou acreditando que a atividade lúdica era a chave para o desenvolvimento de uma personalidade saudável[2]. Brincar é um tipo de atividade que acontece no espaço entre as pessoas – o que Winnicott chama de "espaço potencial". Nesse lugar, as pessoas (primeiro as crianças, depois os adultos) experimentam a noção de alteridade de forma menos ameaçadora do que a que o encontro direto com o outro pode muitas vezes provocar[3]. Elas adquirem, assim, uma prática inestimável no exercício da empatia e da reciprocidade. A atividade lúdica começa com fantasias mágicas nas quais a criança controla o que acontece – como ocorre com as brincadeiras reconfortantes entre a criança pequena e seu "objeto transicional". Porém, à medida que a segurança e a confiança aumentam na brincadeira interpessoal com os pais ou com outras crianças, o controle diminui e a criança consegue experimentar a vulnerabilidade e a surpresa de um modo que seria difícil fora do espaço lúdico, mas que, durante a brincadeira, é agradável. Pensem, por exemplo, no prazer inesgotável com que as crianças brincam de desaparecer e aparecer com um genitor ou um objeto querido.

À medida que a brincadeira evolui, a criança desenvolve a capacidade de se maravilhar. Canções infantis simples passam a estimular a criança a se colocar no lugar de um animalzinho, de outra criança e até mesmo de um objeto inanimado. "Brilha, brilha, estrelinha / Quero ver você brilhar / Faz de conta que é só minha / Só pra ti irei cantar", é um modelo de maravilhamento, uma vez que implica olhar para uma forma e dotar essa forma de um mundo interior. Isso é o que, basicamente, as crianças devem ser capazes de fazer com os outros. Desse modo, as histórias e canções infantis representam uma preparação importante para que ela venha a ser alguém que se preocupa com os outros[4]. A presença do outro, que

[2] Ver F. Robert Rodman, *Winnicott: Life and Work*. Cambridge, MA: Perseus Publishing, 2003.
[3] Donald Winnicott, *Playing and Reality* [1971]. Londres e Nova York: Routledge, 2005 [ed. bras.: *O brincar e a realidade*. Rio de Janeiro: Imago, 1975].
[4] Ver M. Nussbaum, *Poetic Justice: the Literary Imagination and Public Life*. Boston: Beacon, 1995, cap. 1.

pode ser muito ameaçadora, torna-se, na brincadeira, uma agradável fonte de curiosidade; e essa curiosidade contribui para o desenvolvimento de atitudes saudáveis de amizade, amor e, mais tarde, participação política.

Winnicott percebeu que o "espaço potencial" entre as pessoas não se fecha só porque elas se tornam adultas. A vida é cheia de oportunidades de maravilhamento e brincadeira, e ele enfatizava que as relações sexuais e a intimidade de modo geral são áreas em que a capacidade de brincar é crucial. As pessoas podem se fechar, esquecendo o mundo interior dos outros, ou podem conservar e desenvolver mais a capacidade de dotar as formas dos outros, na imaginação, de vida interior. Todos que conheciam Winnicott se surpreendiam com sua capacidade incomum de se relacionar com os outros por meio da brincadeira e da empatia. Em relação aos pacientes, especialmente as crianças, ele demonstrava uma capacidade inesgotável de penetrar em seu mundo de brincadeiras e objetos queridos, seus bichinhos de pelúcia, suas fantasias a respeito do nascimento de um irmão. Para ele, porém, o brincar não cessava quando o "mundo adulto" começava. Seus pacientes adultos também elogiavam sua capacidade de ficar na posição do outro. O analista de sessenta anos Harry Guntrip descreveu esse dom no diário que fez da análise com Winnicott: "Eu podia liberar a tensão, evoluir e relaxar porque você estava presente em meu mundo interior." A brincadeira também era uma característica das relações não terapêuticas de Winnicott. Ele e a esposa eram célebres pelas piadas e travessuras que elaboravam; seus papéis contêm desenhos e poemas infantis que eles trocavam entre si durante reuniões maçantes[5].

Winnicott enfatizava com frequência que a atividade lúdica tem um papel importante na formação da cidadania democrática. A igualdade democrática traz vulnerabilidade. Como observou

---

[5] Ver a longa argumentação de Rodman. Para a análise de Guntrip com Winnicott, ver J. Hazell, *H. J. S. Guntrip: a Psychoanalytical Biography*. Londres: Free Association Books, 1986.

com perspicácia um de seus pacientes: "O inquietante na igualdade é que, nesse caso, ambos somos crianças; e a pergunta é: onde está o pai? Sabemos onde nos encontramos se um de nós for o pai."[6] Brincar ensina as pessoas a serem capazes de conviver com os outros sem controlar; e liga as experiências de vulnerabilidade e surpresa à curiosidade e ao maravilhamento, não à ansiedade paralisante.

Como os adultos mantêm a capacidade de brincar após terem deixado para trás o universo das brincadeiras de criança? Winnicott sustentava que as artes têm um papel fundamental nisso. Ele defendia que a principal função da arte em todas as culturas humanas é preservar e intensificar o desenvolvimento do "espaço lúdico"; além disso, ele considerava que o papel das artes na vida humana era, acima de tudo, o de alimentar e ampliar a capacidade de empatia. Na resposta sofisticada a uma obra de arte complexa ele via a continuação do encanto que o bebê sentia com as brincadeiras e a interpretação de papéis.

Embora desconhecessem os textos de Winnicott, os educadores progressistas mais antigos, cujos pontos de vista descrevemos no capítulo 4, compreenderam, a partir de sua própria reflexão e experiência, seu *insight* básico de que o brincar é decisivo para o desenvolvimento de uma personalidade saudável. Eles culpavam a escola tradicional por não compreender o valor educacional da brincadeira, insistindo que ela fosse incorporada à estrutura do ensino, tanto o inicial como o avançado. Froebel concentrou-se na necessidade de que as crianças bem pequenas explorassem o ambiente manipulando objetos e usando a imaginação para dotar formas simples (a esfera, o cubo) de histórias e personalidades. Gertrudes, a heroína fictícia de Pestalozzi, percebeu que o aprendizado repetitivo e passivo anestesiava a personalidade, enquanto as atividades práticas, realizadas com espírito brincalhão, a enriqueciam.

---

[6] D. Winnicott, *Holding and Interpretation: Fragments of an Analysis*. Nova York: Grove Press, 1986, p. 95.

Tais educadores logo perceberam que a contribuição mais importante das artes para a vida depois da escola era fortalecer os recursos emocionais e criativos da personalidade, dando às crianças a capacidade de compreender tanto a si como aos outros, algo que, caso contrário, lhes faltaria. Não consideramos automaticamente outro ser humano como alguém pleno e profundo, que tem ideias, aspirações espirituais e sentimentos. É extremamente fácil considerar que o outro não passa de um corpo – o qual, então, pensamos poder usar para os nossos objetivos, sejam eles prejudiciais ou benéficos. Enxergar uma alma naquele corpo representa uma conquista, e essa conquista é sustentada pela poesia e pelas artes, que pedem que nos maravilhemos com o mundo interior daquela forma percebida por nós – e, também, que nos maravilhemos com nós mesmos e com nossas próprias profundezas.

A educação técnica e factual pode facilmente carecer desse refinamento. Por ter sido uma criança precoce, o filósofo John Stuart Mill (1806-1873) recebeu uma excelente educação em idiomas, história e ciências; contudo, essa educação não desenvolveu seus recursos emocionais e criativos. Quando era jovem, sofreu uma profunda depressão. Ele atribuiu sua recuperação final à influência da poesia de Wordsworth, que educou seus sentimentos e permitiu que ele procurasse sentimento nos outros. Já em idade avançada, Mill elaborou uma narrativa do que chamou de "religião da humanidade", baseada na promoção da compaixão, que ele descobrira por meio da experiência com a poesia.

Mais ou menos na mesma época, nos Estados Unidos, Bronson Alcott, cuja pedagogia socrática da Temple School analisamos no capítulo 4, deu ao mesmo conceito de educação poética uma forma curricular. Recorrendo a Wordsworth, e usando seus poemas com frequência em sala de aula, ele sustentava que a poesia desenvolve o espaço interior da criança, alimentando tanto a capacidade criativa como a emocional. Em *Homenzinhos*, de Louisa Alcott, os jogos criativos que acontecem na Plumtree School são tão importantes como as aulas eruditas, misturando-se com elas. Por sua vez, tanto as aulas como os jogos são animados por um afetuoso espírito de reciprocidade, já que a escola, dirigida como uma grande família, antecipa de maneira admirável a ideia de Winnicott de que a brincadeira artística sofisticada é uma continuação da brincadeira entre os pais e a criança.

Não obstante, o desenvolvimento mais elaborado das artes como um pivô da educação inicial estava à espera do século XX e das experiências escolares teoricamente sofisticadas de Tagore, na Índia, e de Dewey, nos Estados Unidos. Dewey escreveu bastante sobre as artes como ingredientes essenciais de uma sociedade democrática, e podemos perceber claramente, ainda hoje, que o estímulo da imaginação por meio da música e das peças teatrais desempenhou um papel fundamental na Escola Laboratório. Dewey insistia que, para as crianças, o que importa não são as "belas-artes", querendo dizer com isso um exercício contemplativo no qual as crianças aprendem a "apreciar" as obras de arte como objetos desligados da realidade. Nem elas deveriam ser levadas a acreditar que a imaginação só é admissível no domínio do irreal ou do imaginário. Em vez disso, elas precisam perceber que existe uma dimensão criativa em todas as suas interações e considerar que as obras de arte são apenas uma das esferas nas quais se cultiva a imaginação. "A diferença entre brincar e o que se considera uma ocupação séria não deve ser a diferença entre a presença e a ausência da imaginação, mas a diferença entre os materiais com os quais se ocupa a imaginação." Numa escola bem-sucedida, as crianças acabam percebendo que é preciso ter imaginação para lidar com tudo aquilo que se encontra "fora do alcance da resposta concreta direta"[7]. E isso incluiria praticamente tudo que interessa: uma conversa com um amigo, o estudo das transações econômicas, uma experiência científica.

Entretanto, gostaria de me concentrar no uso que Tagore faz das artes, já que sua escola era a escola de um artista, e um artista que atribuía à música, ao teatro, à poesia, à pintura e à dança um papel fundamental a partir do momento em que a criança se ma-

---

[7] J. Dewey, *Democracy and Education*, op. cit., pp. 226-7.

triculava. No capítulo 4 examinamos o compromisso de Tagore com o questionamento socrático. Contudo, a investigação socrática pode ser fria e desapaixonada; além disso, com a busca incessante do raciocínio lógico, corremos o risco de impedir o crescimento de outros elementos da personalidade, um perigo que Tagore previu e decidiu evitar. Para ele, o principal papel que as artes desempenhavam era estimular a compreensão; além disso, ele percebeu que, com relação à educação, esse papel – talvez um de seus mais importantes papéis – havia sido "sistematicamente ignorado" e "fortemente reprimido" pelos modelos educacionais clássicos. Do seu ponto de vista, as artes estimulam tanto o autodesenvolvimento como a receptividade aos outros. Os dois geralmente se desenvolvem juntos, já que é difícil apreciar no outro o que não exploramos em nós mesmos.

Como mencionamos, Tagore utilizava a interpretação de papéis durante todo o dia escolar, enquanto os pontos de vista intelectuais eram explorados pedindo-se às crianças que assumissem posturas conceituais desconhecidas. Hoje podemos acrescentar que essa interpretação de papéis não era uma simples brincadeira lógica, e sim uma forma de estimular a compaixão ao mesmo tempo que se desenvolviam as capacidades lógicas. Ele também usava a interpretação de papéis para explorar a difícil esfera da diferença religiosa, estimulando os alunos a celebrar os rituais e as cerimônias de religiões diferentes das suas e a compreender o desconhecido por meio de uma participação criativa. Entretanto, Tagore utilizava acima de tudo produções teatrais elaboradas, misturando dramaturgia, música e dança para fazer com que as crianças explorassem diversos papéis com uma participação plena do corpo, assumindo posturas e gestos desconhecidos. A dança era um elemento fundamental da escola, tanto para meninos como para meninas, já que Tagore acreditava que para explorar o desconhecido é preciso deixar de lado a rigidez corporal e a vergonha de assumir um papel.

Ele tinha uma preocupação especial com as mulheres, já que geralmente elas eram educadas para sentir vergonha do corpo e para ser incapazes de se movimentar livremente, sobretudo na presença dos homens. Defensor ao longo da vida da liberdade e da igualdade das mulheres, ele percebeu que apenas mandar que as meninas se movimentassem mais livremente provavelmente não iria superar anos de repressão; porém, se lhes apresentasse movimentos precisamente coreografados para elas executarem, saltando de lá para cá, isso seria um estímulo melhor à sua liberdade. (Tendo pedido à cunhada que criasse algo que permitisse que as mulheres se movimentassem livremente sem temer que o sari expusesse seu corpo de maneira imprópria, ela criou a blusa usada hoje por toda parte com o sari.) Ao mesmo tempo, os homens também exploravam papéis desafiadores na dança sob a égide de Tagore, grande dançarino e célebre coreógrafo, conhecido por seus movimentos sinuosos e andróginos. Temas explícitos de igualdade de gênero eram comuns nas peças, como no caso de *Land of Cards*, descrita no capítulo 4, em que as mulheres assumem a liderança ao rejeitar as tradições retrógradas.

Amita Sen, mãe do ganhador do Prêmio Nobel Amartya Sen, foi aluna da escola desde o início da infância, já que o pai, um conhecido especialista da história da religião hindu, lecionou na escola logo após ela ter sido fundada. Uma criancinha que brincava no jardim próximo à janela de Tagore inspirou seu conhecido poema "Chota mai", no qual ele descreve como uma garotinha atrapalhou seu trabalho. Mais tarde, como uma jovem noiva, ela inspirou outro conhecido poema de Tagore, sobre uma jovem "que, destemida, penetra nas águas da vida". Nesse meio-tempo, ela foi aluna da escola e, como demonstrasse ser uma de suas bailarinas mais talentosas, interpretou papéis de destaque nos musicais. Posteriormente, escreveu dois livros sobre a escola; um, *Joy in All Work* [Prazer com todo tipo de trabalho], que foi traduzido para o inglês, descreve a atividade de Tagore como bailarino e coreógrafo[8].

Amita Sen percebeu que o objetivo dos musicais de Tagore não era simplesmente produzir algumas obras artísticas de quali-

---

[8] Amita Sen, *Joy in All Work*, op. cit.

dade, mas também estimular os sentimentos e a imaginação de seus alunos. Seu relato minucioso do papel do teatro e da dança na escola mostra como a educação "regular" de Santiniketan, a educação que possibilitou que os alunos tivessem um bom desempenho nos exames-padrão, inspirava-se na paixão, na criatividade e no prazer, por causa do modo pelo qual a educação se associava à dança e à música.

> Sua dança era cheia de sentimento. As nuvens brincando no céu, o vento frio nas folhas, a luz brilhando na grama, o luar banhando a Terra, o desabrochar e o fenecer das flores, o murmúrio das folhas secas – o pulsar da alegria no coração do homem ou a pontada de sofrimento, tudo isso se manifesta nos movimentos e gestos expressivos da dança.[9]

Não podemos nos esquecer de que estamos ouvindo a voz de uma mulher mais velha recordando sua experiência de infância. Como é extraordinário que as emoções e a poesia da criança continuem tão vivas nela! E que homenagem à capacidade desse tipo de educação de defender uma espécie de estímulo da personalidade que continua existindo na vida da pessoa quando todos os fatos aprendidos tiverem sido esquecidos! Como o livro deixa bem claro, não há dúvida de que isso não poderia ter sido feito simplesmente deixando as crianças sozinhas, brincando; o ensino das artes exige disciplina e ambição, se quisermos que ele estenda e amplie a capacidade de empatia e expressão.

O ensino da literatura e das artes pode estimular a compreensão de diversas formas, por meio do envolvimento com inúmeras obras de literatura, de música, de belas-artes e de dança. Ao se concentrar na música e na dança – atividades que nós, nos Estados Unidos, só estimulamos de maneira irregular –, Tagore estava à frente do Ocidente. Contudo, é preciso levar em conta quais são, provavelmente, os pontos cegos específicos dos alunos, e escolher os textos de acordo com eles. Pois todas as sociedades de todos os tempos têm seus pontos cegos específicos – grupos internos à cul-

[9] Ibid., p. 35.

tura, e também grupos externos, cuja probabilidade de serem tratados com ignorância e estupidez é maior. Podemos escolher obras de arte (literárias, musicais ou teatrais) que estimulem a crítica dessa estupidez e uma visão mais apropriada do que não é visível. Num ensaio posterior sobre seu grande romance *Homem invisível*, Ralph Ellison escreveu que um romance como o seu poderia significar "uma vaga de consciência, esperança e entretenimento" por meio da qual a cultura americana poderia "discutir os obstáculos e turbulências" que existem entre nós e nosso ideal democrático[10]. Seu romance, claro, escolhe o "olhar interior" do leitor branco como tema e alvo. Embora o herói seja invisível para a sociedade branca, ele nos diz que sua invisibilidade é uma falha de imaginação e educação por parte das pessoas brancas, não um acidente biológico por parte dele. Ellison dá a entender que, por meio da imaginação, podemos desenvolver a capacidade de perceber a humanidade plena das pessoas com as quais é bem provável que nossos encontros diários sejam, na melhor das hipóteses, superficiais, e, na pior, influenciados por estereótipos degradantes.

Na América de Ellison, o principal desafio do "olhar interior" era o da raça, uma posição estigmatizada que era quase impossível para o leitor branco comum ocupar. Como vimos, para Tagore um ponto cego particular era a eficiência e a inteligência das mulheres, e ele engenhosamente inventou formas de promover uma maior curiosidade e um maior respeito entre os sexos. Ambos os escritores afirmam que, para alcançar a compreensão plena de que o cidadão democrático precisa, não basta saber que os estigmas sociais e a desigualdade existem; ele tem de passar pela experiência de participar da posição estigmatizada, algo que tanto o teatro como a literatura possibilitam. As reflexões de Tagore e de Ellison dão a entender que as escolas que desprezam as artes desprezam oportunidades importantes de defender a cooperação democrática.

[10] Ralph Ellison, *Invisible Man*. Nova York: Random House, 1992, ed. Modern Library, com introdução de Ralph Ellison acrescentada em 1981; publicado originalmente em 1952, Introdução.

Um indiano conhecido meu mostrou-se decepcionado com o fato de que, quando era criança e frequentava a escola pública, nunca teve a oportunidade de explorar posições sociais diferentes por meio do teatro; enquanto isso, parte do que suas primas e primos que moravam nos Estados Unidos aprenderam sobre o movimento dos direitos civis deveu-se à montagem de uma peça sobre Rose Parks na qual a experiência de se sentar no fundo do ônibus transmitia uma informação sobre o estigma que não poderia ter sido plenamente transmitida sem aquela experiência participativa.

Precisamos, portanto, desenvolver o "olhar interior" dos alunos. Isso significa uma formação cuidadosamente moldada nas artes e nas humanidades – adequada à idade e ao nível de desenvolvimento da criança – que os ponha em contato com questões de gênero, raça, etnia e experiência e cooperação transculturais. Essa formação artística pode e deve estar relacionada à formação do cidadão do mundo, uma vez que as obras de arte costumam ser um modo inestimável para começar a compreender as conquistas e os sofrimentos de uma cultura diferente da nossa.

Em outras palavras, as artes desempenham um papel duplo nas escolas e nas faculdades. Elas desenvolvem a capacidade de brincar e de sentir empatia de modo geral e tratam de pontos cegos culturais específicos. O primeiro papel pode ser desempenhado por meio de atividades executadas fora do período em que o aluno se encontra na escola, embora não qualquer atividade escolhida ao acaso. O segundo exige um foco mais preciso em áreas de inquietação social. Os dois papéis estão, de certa forma, conectados, já que a capacidade geral, uma vez desenvolvida, faz com que seja muito mais fácil tratar de um ponto cego resistente.

Para que estejam ligados de maneira estável a valores democráticos, ambos exigem uma visão normativa sobre o modo pelo qual os seres humanos devem se relacionar entre si (como pessoas iguais, dignas e possuidoras de importância e valor pessoais) e, consequentemente, ambos exigem uma seletividade com respeito à utilização das obras de arte. Se não estiver ligada a uma ideia de dignidade humana equânime, a imaginação empática pode ser caprichosa e desequilibrada. É muito fácil sentir compaixão seletiva por aqueles que estão próximos de nós em termos geográficos, de classe ou de raça, e recusá-la às pessoas que se encontram distantes ou aos membros de grupos minoritários, tratando-os como meros objetos. Além disso, existe uma grande quantidade de obras de arte que reforçam sentimentos de compaixão unilaterais. Crianças que têm sua imaginação estimulada por meio da leitura de literatura racista ou da coisificação pornográfica da mulher não a estão cultivando de uma forma adequada às sociedades democráticas; e não se pode negar que os movimentos antidemocráticos têm sabido utilizar as artes, a música e a retórica de modo a contribuir ainda mais para humilhar e estigmatizar determinados grupos e pessoas[11]. O elemento imaginativo da educação democrática exige uma cuidadosa seletividade. Entretanto, o que se deve observar é que essas formas "defeituosas" de literatura agem inibindo o acesso imaginativo à condição estigmatizada – ao tratar as minorias, ou as mulheres, como meros objetos cuja experiência não vale a pena explorar. Embora não represente a totalidade de uma relação moral saudável com os outros, a atividade imaginativa de explorar a vida interior do outro é, pelo menos, um ingrediente necessário dessa relação. Além disso, ela traz dentro de si um antídoto ao medo autoprotetor, associado muito frequentemente a projetos egocêntricos de controle. Quando as pessoas assumem uma postura lúdica com relação aos outros, é menor a probabilidade – pelo menos enquanto perdura essa postura – de percebê-las como ameaças iminentes a sua segurança que elas precisam controlar.

Além de estar intimamente relacionado à capacidade socrática de criticar as tradições retrógradas ou inadequadas, o estímulo à imaginação descrito por mim proporciona um apoio fundamental a essa atividade crítica. É difícil tratar a postura intelectual do outro de forma respeitosa a não ser que se tente ao menos perceber que perspectiva de vida e quais experiências de vida a produ-

---

[11] Sobre a utilização do brincar e das artes pela direita hindu, ver M. Nussbaum, *The Clash Within*, op. cit.

ziram. Contudo, o que dissemos a respeito da ansiedade egoísta nos predispõe a perceber que a contribuição das artes para a crítica socrática vai além. Como Tagore costumava ressaltar, ao gerar um prazer ligado a atos subversivos e à reflexão cultural, as artes produzem um diálogo permanente, e até mesmo atraente, com os preconceitos do passado, em lugar de um diálogo carregado de medo e suscetibilidade. É isso que Ellison queria dizer quando chamou *Homem invisível* de "uma vaga de consciência, esperança e entretenimento". O entretenimento é crucial para que as artes possam proporcionar consciência e esperança. Desse modo, não é só a experiência do ator que é tão importante para a democracia, é o modo pelo qual o espetáculo oferece um espaço para explorar temas difíceis sem uma ansiedade paralisante.

Do mesmo modo, o conhecido espetáculo de dança em que Amita Sen interpretou o papel da Fada Verde representou um marco para as mulheres, por ter sido admirável do ponto de vista artístico e extremamente agradável. O mesmo aconteceu com a peça em que Amita interpretou o papel da rainha, em que o texto que acompanhava seus movimentos era "Achegue-se a meu peito". Afinal, foi preciso modificar o texto para "Achegue-se ao meu coração", porém, disse-me Amita, "todo mundo sabia o que estava sendo dito de verdade". Embora o episódio pudesse ter prejudicado a causa das mulheres, ele a favoreceu, porque a atuação da rainha, maravilhosamente interpretada pela dança de Amita, foi encantadora. No final, diante da suave investida da música e dos movimentos graciosos, o público se rendeu, deixando de lado o medo e a raiva costumeiras.

Como utilizamos imagens de gênero, talvez não exista nada mais fundamental para o bem-estar da democracia do que ter imagens favoráveis do que significa ser um homem de verdade, e de como o homem de verdade se relaciona com as mulheres e com os outros homens. Desde o início da moderna cultura democrática, esse tema foi considerado essencial, tanto nos países ocidentais como nos não ocidentais. Escrevendo em 1792, na Europa, o filósofo Johann Gottfried Herder insistia que os bons cidadãos precisavam entender que a masculinidade não requer uma agressividade belicosa contra os outros países. Referindo-se ao que considerava ser o costume dos indígenas americanos, ele disse que os europeus também deveriam usar roupas femininas quando estivessem deliberando sobre a guerra e a paz, e, no geral, deveriam cultivar um "respeito reduzido" pelas façanhas bélicas e uma repugnância pela "diplomacia enganosa" que excita as pessoas, fazendo-as ansiar pelas conquistas. Em vez disso, tanto os homens como as mulheres deveriam cultivar "atitudes pacíficas" – a serviço das quais, sugeriu ele, assumir o papel de mulher durante algum tempo poderia ser muito útil[12].

Ideias semelhantes foram exploradas na Índia tanto por Tagore como por Gandhi. A escola de Tagore, por meio da linguagem da dança e da ênfase nas artes, estimulou uma personalidade masculina receptiva, brincalhona e que não estava interessada em dominar os outros. Tagore relacionou explicitamente esse objetivo ao repúdio do tipo de nacionalismo colonialista agressivo que ele associava aos valores culturais e às normas de masculinidade europeias. Mais tarde, Gandhi relacionou firmemente sua abordagem não violenta da transformação social ao repúdio do objetivo de dominação nas relações sexuais. Ele cultivava deliberadamente uma aparência andrógina e maternal – não para demonstrar a seus seguidores que eles deveriam abandonar completamente as diferenças de gênero, mas para demonstrar que é possível ser um homem de verdade sem ser agressivo e que um amplo conjunto de tipos de gênero é compatível com a verdadeira masculinidade, desde que a ênfase esteja firmemente colocada no respeito à dignidade humana dos outros e na compreensão de suas necessidades.

Em suma, as crianças precisam aprender que a sensibilidade compreensiva não é uma atitude afeminada, e que masculinidade não significa não chorar e não compartilhar a dor dos famintos

---

[12] Johann Gottfried Herder, "Letters for the Advancement of Humanity" (1793-97), traduzido por Michael Forster, em M. Forster (org.), *Herder: Philosophical Writings*. Cambridge: Cambridge University Press, 2002, carta 119, pp. 404-9.

e dos oprimidos. Essa aprendizagem não pode ser estimulada por meio de uma abordagem conflituosa que diz "Abandonem as velhas imagens de masculinidade". Ela só pode ser estimulada por meio de uma cultura que seja sensível tanto no conteúdo curricular como no modelo pedagógico; em que, não é audacioso demais dizer, a capacidade de amar e compreender inspire todo esforço educacional.

Como no caso do raciocínio crítico, o mesmo acontece com as artes. Constatamos que elas são fundamentais para que atinja a meta de crescimento econômico e para que se mantenha uma cultura empresarial saudável. Há muito que os principais professores de administração perceberam que a viga mestra de uma cultura empresarial saudável é a capacidade ampla de imaginar[13]. A inovação exige mentes que sejam flexíveis, abertas e criativas; a literatura e as ciências humanas estimulam essas qualidades. Quando elas não estão presentes, a cultura empresarial perde rapidamente a força. Muitas vezes os graduados em ciências humanas são contratados em lugar dos estudantes que tiveram uma formação profissionalizante mais limitada, justamente porque se acredita que eles tenham a flexibilidade e a criatividade para serem bem-sucedidos num ambiente empresarial dinâmico. Mesmo que nossa única preocupação fosse o crescimento econômico do país, ainda assim deveríamos proteger a educação humanista. Hoje, no entanto, como veremos no próximo capítulo, as artes continuam ameaçadas em todas as escolas do mundo.

Neste momento, um estudo de caso nos ajudará a perceber como as artes são decisivas para fornecer ingredientes para a cidadania democrática numa cultura americana dividida tanto pela etnia como pela classe. Considerem o caso do Coro das Crianças de Chicago. Como a maioria das grandes cidades americanas, Chicago apresenta profundas desigualdades econômicas, que se traduzem em grandes diferenças no que diz respeito a habitação,

---

[13] Ver argumentos e referências no relatório LEAP, *College Learning for the New Global Century*.

oportunidades de emprego e qualidade de ensino. As crianças dos bairros de maioria afro-americana e latina, especialmente, não recebem nem de longe uma educação tão boa como a das crianças dos subúrbios brancos ou das escolas particulares. Essas crianças já podem trazer desvantagens de casa – ter só um genitor, ou nenhum, morando com elas, não dispor de "modelos" de êxito profissional, de disciplina, de aspiração ou de envolvimento político sério. É claro que as escolas não são racialmente segregadas por lei; porém, elas são amplamente segregadas de fato, o que faz com que seja pequena a probabilidade de os alunos terem amigos de classes e raças diferentes da sua.

Para piorar as coisas, as artes, que conseguem reunir as crianças de forma não hierárquica, foram fortemente podadas nas escolas públicas, como parte das medidas de contenção de custos. Foi esse vácuo que o Coro das Crianças de Chicago veio preencher. Trata-se de uma organização mantida atualmente pela filantropia privada que atende hoje a quase 3 mil crianças – quase 80% delas encontram-se abaixo da linha de pobreza – com programas de canto coral que apresentam rigorosos padrões de excelência. O programa é composto de três níveis. Primeiro, existem programas dentro das escolas; muitos deles ocupam o lugar dos programas dirigidos pela prefeitura que foram eliminados. Esses programas atendem a cerca de 2.500 crianças em mais de sessenta corais de cinquenta escolas de ensino fundamental, concentrando-se entre o quarto e o nono anos. O programa dentro da escola, como consta em sua descrição oficial, "confirma a ideia de que a música é tão importante para o desenvolvimento da mente e do espírito como a matemática e a ciência".

O segundo nível é composto dos corais de bairro, oito corais em diferentes regiões de Chicago. Esses programas acontecem após o horário escolar, exigem testes de admissão e certo nível de compromisso, atendendo às crianças entre oito e dezesseis anos. As crianças apresentam-se várias vezes por ano e viajam para diversas regiões do país; elas aprendem uma grande variedade de músicas de diversos países do mundo e aperfeiçoam suas qualidades musicais.

Finalmente, o nível mais avançado, o Concert Choir, que é provavelmente o principal conjunto jovem dos Estados Unidos, gravou inúmeros CDs, viajou pelo mundo e apresentou-se com orquestras sinfônicas e companhias de ópera. Esse grupo interpreta obras que vão dos motetos de Bach aos *spirituals* afro-americanos; o repertório inclui, de propósito, música de diversas culturas do mundo.

Esse modelo de coro foi introduzido em 1956 por Christopher Moore, ministro unitarista que acreditava poder transformar a vida dos jovens reunindo-os por meio da música – passando por cima das diferenças de raça, religião e classe econômica. O modelo passou de 24 cantores, no início, até o tamanho atual, por meio do apoio entusiástico de muitos doadores da região de Chicago; embora forneça espaço gratuito para os escritórios, a municipalidade não dá nenhuma outra contribuição financeira.

É fácil narrar esses fatos. O difícil é descrever o impacto emocional de ouvir esses jovens – que não cantam como os corais de igreja da minha juventude, imóveis com a música sendo executada diante deles. Eles memorizam tudo que cantam, e cantam tudo de maneira expressiva, por vezes gesticulando e até ensaiando passos de dança para transmitir a canção. Os rostos demonstram uma alegria imensa com o ato de cantar, e essa emoção é uma parte importante do que o programa estimula, tanto nos intérpretes como nos espectadores.

Assisti a ensaios do coral do bairro de Hyde Park, bem como a apresentações públicas do Concert Choir, e, mesmo na proposta inclusiva de formação, existem um orgulho, uma aspiração musical e um comprometimento pessoal imensos. Os cantores do Concert Choir geralmente se tornam mentores das crianças mais jovens, servindo como modelo de disciplina e inspiração e também desenvolvendo a própria ética de responsabilidade social das crianças.

Quando entrevistei recentemente Mollie Stone, regente do coral do bairro de Hyde Park e regente assistente do Concert Choir, perguntei-lhe que contribuição ela achava que o coral dá à vida de Chicago. Ela me deu uma série de respostas tocantes e eloquentes. Primeiro, disse que o coral oferece às crianças a oportunidade de viver uma experiência profunda ao lado de outras crianças de diferentes meios raciais e socioeconômicos. A experiência de cantar com alguém, disse ela, implica uma grande vulnerabilidade; você tem de harmonizar sua respiração e seu corpo com a respiração e o corpo de outra pessoa, e tem de produzir os sons a partir do interior de seu próprio corpo, o que não acontece nem mesmo com uma orquestra. Portanto, as experiências musicais também ensinam as crianças a gostar do próprio corpo, numa idade em que é provável que elas odeiem seu corpo e se sintam muito desconfortáveis; elas desenvolvem o senso de capacidade, disciplina e responsabilidade.

Desse modo, já que os corais interpretam músicas de diversas culturas, as crianças aprendem sobre elas e, além disso, aprendem que essas culturas são acessíveis a elas, ultrapassando os obstáculos que a expectativa e a cultura locais puseram no caminho e mostrando que podem ser cidadãs do mundo. Ao aprender a cantar a música de outra época ou de outro lugar, elas também encontram uma forma de demonstrar que respeitam os outros e que estão dispostas a passar um tempo aprendendo sobre eles e levando-os a sério.

Todas essas maneiras permitem que elas descubram o seu papel na comunidade local e no mundo; além disso, Stone ressaltou que pode conduzir a inúmeras formas de curiosidade, como os alunos do coral que resolvem estudar ciência política, história, idiomas e artes visuais.

Três histórias ilustram o que Stone está falando. Certo dia, ao entrar na sala de ensaio do Concert Choir, ela ouviu um grupo de crianças afro-americanas cantando uma passagem complexa de um moteto de Bach que haviam ensaiado. "Então", ela disse, "vocês estão fazendo um ensaio extra hoje?" "Não", responderam. "Nós só estamos passando o tempo. Só estamos improvisando." O fato de crianças afro-americanas que frequentavam escolas do gueto acharem que uma maneira natural de "passar o tempo", de relaxar juntas, era cantar Bach, mostrou-me que elas não se sentiam confinadas à "cultura negra"; elas podiam reivindicar qualquer cultura como delas e participar dessa cultura. Ela lhes pertencia tanto quanto o universo do *spiritual* afro-americano.

Stone lembrou-se, então, de sua própria experiência, quando era uma jovem cantora num coral predominantemente afro-americano e o coral interpretou uma canção folclórica hebraica. Como única judia do coral, ela sentiu-se subitamente incluída; percebeu que as outras crianças respeitavam sua cultura, levavam-na a sério, queriam estudá-la e participar dela.

Finalmente, numa viagem recente, o coro do bairro de Hyde Park foi a Nashville, Tennessee, a pátria da música *country*, um lugar cuja cultura e cujos valores eram, de certa forma, estranhos à maioria dos americanos urbanos do Norte – a quem os moradores de Nashville, por sua vez, provavelmente olhariam com desconfiança. Ao ouvir um grupo de música *country* tocando do lado de fora do Grand Ole Opry, as crianças reconheceram uma canção que haviam cantado no coral; elas então se aproximaram do grupo e se juntaram a ele. O resultado foi uma alegre demonstração de inclusão e respeito mútuo.

O que o coral nos mostra sobre o papel das artes na promoção da inclusão democrática e do respeito não é novidade. Faz parte de uma longa tradição americana que inclui os educadores progressistas que mencionei (de Alcott a Dewey). Horace Mann afirmava que a música vocal, em especial, tende a unir as pessoas de formação diferente e a reduzir o conflito[14].

Enfatizei, aqui, a contribuição que o coral traz a seus participantes. Não é preciso dizer que essa contribuição é multiplicada várias vezes por meio de sua influência sobre os pais e a família, as escolas e os públicos que ouvem o coral, tanto nos Estados Unidos como no exterior.

---

[14] Ver discussão em Richard Rothstein, com Rebecca Jacobsen e Tamara Wilder, *Grading Education: Getting Accountability Right*. Washington, DC: Economic Policy Institute, 2008, p. 18.

Infelizmente, tais iniciativas não recebem o apoio do *establishment* educacional americano, em nível local ou nacional. Consequentemente, o coral vive endividado, e só continua existindo graças às constantes contribuições voluntárias de tempo e dinheiro. Chicago tem a sorte de contar com inúmeras iniciativas particulares por meio das quais as principais organizações artísticas criam programas para as escolas – além de uma grande quantidade de arte pública de acesso gratuito que geralmente é apoiada por parcerias público-privadas.

Já que falei em dinheiro, vamos enfrentar esse tema com coragem. Dizem que as artes são simplesmente caras demais. Não podemos bancá-las numa época de dificuldades econômicas. No entanto, a promoção das artes não precisa custar muito. Se as pessoas criarem um espaço para elas, será possível promovê-las de forma relativamente barata – porque as crianças adoram dançar e cantar, e contar e ler histórias. Se pensarmos na arte do modo que Dewey criticava – como "Belas-Artes" para eruditos, que exigem equipamentos e aparelhos caros para serem "apreciadas" –, seremos facilmente levados a concluir que, numa época preocupada com os custos como a nossa, não há dinheiro suficiente para isso. Ouvi esses argumentos de professores de Chicago, e eles não me convencem. Estive em áreas rurais da Índia, visitando projetos de alfabetização de mulheres e meninas que não contam com nenhum equipamento – nem mesmo cadeiras, carteiras, papel ou canetas, por vezes apenas uma lousa que é passada de mão em mão –, e lá as artes estão florescendo, já que meninas que mal começaram a ler expressam-se de maneira muito mais completa encenando peças sobre sua vida, entoando canções que falam de suas lutas ou fazendo desenhos que representam seus objetivos e seus temores. Professores militantes dedicados sabem que as artes são a maneira de fazer com que as crianças esperem ansiosamente o momento de ir à escola, queiram aprender a ler e a escrever e queiram raciocinar criticamente sobre sua condição de vida. Frequentemente, em minhas visitas, perguntam-me se posso ensinar-lhes uma canção do movimento feminista americano – e quando sugiro "We Shall Overcome" descubro que eles já a conhecem, qualquer que seja o idioma local. Música, dança, desenho e teatro são canais eficazes de alegria e expressão para todos, e não é preciso muito dinheiro para promovê-los. Na verdade, eles são a espinha dorsal do currículo nos programas de alfabetização rural porque proporcionam tanto às crianças como aos adultos a motivação para ir à escola, formas positivas de se relacionar entre si e prazer com o esforço dedicado à aprendizagem.

Por que não podemos usar as artes dessa forma nos Estados Unidos? Visitei recentemente um programa para adolescentes problemáticos na Morton Alternative, uma escola de ensino médio pública em Cícero, uma cidade bem próxima de Chicago. Os adolescentes que foram expulsos de outra escola de ensino médio pública têm de ir para a Morton Alternative – a menos que abandonem definitivamente a escola (alguns têm mais de dezesseis anos). Como a escola tem um total de apenas quarenta alunos, é possível atender a cada um individualmente. Graças a um diretor muito perspicaz e compreensivo, que se concentrou na história de cada criança como se ela fosse seu próprio filho, e graças a um acordo feito com uma organização de psicoterapeutas e assistentes sociais voluntários, todas as crianças recebem uma boa dose de orientação individual e participam de sessões regulares de terapia de grupo, em turmas de cinco ou seis. Fiquei profundamente impressionada com as transformações que estavam ocorrendo simplesmente porque alguns adultos se dispuseram a ouvir. Considerando que as famílias que as crianças encontravam ao voltar para casa eram muitas vezes disfuncionais e mesmo violentas, a escola estava o mais próximo possível do ambiente familiar da Plumtree School, de Alcott. O que vocês fazem com as artes?, perguntei. O diretor e o terapeuta chefe pareceram surpresos. Eles não tinham pensado que elas tivessem alguma utilidade.

Mas por que não? Os adolescentes, a maioria deles americanos de origem mexicana, vêm de uma cultura com tradições musicais e de dança bastante ricas. Por meio delas, e por meio do teatro, eles poderiam encontrar formas eficazes de expressar seus conflitos e aspirações. Embora a terapia de grupo seja uma espécie de teatro, ela não implica o tipo de desempenho disciplinado que a montagem de uma peça implicaria. Não havia nenhuma razão econômica que justificasse o porquê de eles não estarem agindo assim. Simplesmente não lhes havia ocorrido. Quatro semanas depois, o terapeuta chefe enviou-me um poema escrito por uma das garotas da sessão de terapia a que eu havia assistido, como resultado de sua nova decisão de incorporar as artes a seus esforços na Morton Alternative. Um relato hesitante, embora bem eficaz, do amor crescente que ela sentia por seu bebê, escrito por uma mãe adolescente que estava enfrentando enormes dificuldades com esse papel, o poema pareceu-me indicar, sim, uma nova etapa na jornada para conquistar o amor-próprio e o autocontrole; os terapeutas confirmaram essa conclusão. Uma iniciativa extremamente oportuna e que não custou um centavo a mais.

A educação que recomendo exige que os professores ajam de modo diferente. Para implementá-la seria preciso que ocorressem mudanças importantes na formação dos professores, ao menos na maioria dos distritos americanos e na maioria dos países do mundo. Ela também exigiria que a maioria dos diretores escolares (não o diretor da Morton Alternative) modificasse o quadro de valores de suas escolas. Nesse sentido, trata-se de uma educação cara. Creio, porém, que os custos estão limitados ao período de transição; não existe nada nessa opção que a torne intrinsecamente mais dispendiosa. Uma vez implantados, os novos rumos se mantêm por si sós. Eu diria até que um método educacional que compromete mais intensamente tanto alunos como professores com o raciocínio e a imaginação reduz custos ao diminuir a anomia e o desperdício de tempo que geralmente acompanham a carência de investimento pessoal.

VII. A educação democrática na defensiva

O perigo, porém, reside nisto, que a mesquinhez organizada tome de assalto a mente e, por sua magnitude, persistência agressiva e capacidade de zombar dos sentimentos mais profundos do coração, acabe vitoriosa... Por essa razão, devemos temer sua competição com as coisas que são humildes e profundas e possuem a sutil delicadeza da vida.

– Tagore, *Nationalism*, 1917

E quem anda duzentas jardas sem vontade anda seguindo o próprio funeral vestindo a própria mortalha.

– Walt Whitman, *Canção de mim mesmo*, 1855

Como está se saindo a educação para a cidadania democrática no mundo de hoje? Receio que muito mal. Como este é um manifesto e não uma pesquisa empírica, o capítulo não está recheado de dados quantitativos, embora os dados confirmem minha preocupação[1]. Basta resumir e ilustrar, por meio de exemplos

---

[1] Tendo como foco unicamente as artes e unicamente o ensino pré-universitário americano, podem-se encontrar resumos úteis de tendências no artigo da CNN.com "Budgets Cut Student Experience", <www.cnn.com/2003/EDUCATION/08/13/sprj.sch.cuts/>, que discute as consequências da Lei No Child Left Behind [Nenhuma criança deixada para trás]. Ver também "Cuts in Arts Programs Leave Sour Note in Schools", <www.weac.org/news_and_publications/at_the_capitol/archives/2003-2004/arts.aspx>. Quanto ao impacto violento da crise orçamentária da Califórnia na música e nas artes (que praticamente sumiram),

eloquentes e representativos, as tendências inquietantes descritas por mim.

A argumentação que fiz até agora pretende ser um chamado à ação. Caso se chegue à conclusão de que as coisas estão menos ruins do que acredito que estejam, isso não é motivo para respirar aliviado; devemos fazer exatamente o que faríamos se acreditássemos que as coisas estão bem desanimadoras. Devemos redobrar nosso compromisso com os elementos da educação que mantêm a vitalidade da democracia. Mesmo que se conclua que não estão tão profundamente ameaçados como acredito que estejam, numa época de globalização econômica, eles se encontram profundamente vulneráveis e sob grande pressão.

O TIPO DE EDUCAÇÃO que recomendo ainda continua se saindo razoavelmente bem no espaço em que a analisei pela primeira vez, a saber, a parte do currículo das faculdades e universidades americanas dedicada às ciências humanas. Na verdade, essa parte do currículo ainda atrai um generoso apoio filantrópico em instituições como aquela a que pertenço, uma vez que os ricos se lembram com prazer da época em que liam livros de que gostavam e pesquisavam temas sem sofrer nenhuma restrição. Durante a recente crise econômica, pôde-se perceber até mesmo um aumento do envolvimento, já que os doadores que prezam as humanidades se esforçam bastante para preservar o que amam.

Na verdade, é possível afirmar que o segmento de humanidades do ensino superior americano apoia melhor a cidadania democrática do que há cinquenta anos[2]. Nessa época, os estudantes pouco conheciam do mundo fora da Europa e da América do Norte nem aprendiam muito a respeito das minorias de seu próprio país. A história, fosse ela geral ou dos Estados Unidos, geralmente era ensinada de olho nos acontecimentos políticos importantes e

ver "L.A. Schools Budget Cut, 2,000 Teachers Gone", <www.npr.org/templates/story.php?storld=105848204>.
[2] Ver M. Nussbaum, *Cultivating Humanity*, op. cit.

nos atores políticos dominantes. A história das minorias ou dos grupos de imigrantes raramente ganhava destaque; nem a história econômica fazia parte da grande narrativa. Hoje tudo isso mudou para melhor. Novas áreas de pesquisa, introduzidas em cursos de ciências humanas voltados para todos os estudantes, aumentaram seu conhecimento dos países não ocidentais, da economia global, das relações raciais, das dinâmicas de gênero, da história da migração e das lutas de novos grupos por reconhecimento e igualdade. Cada vez mais os currículos têm sido montados levando em conta a cidadania adequada para um mundo em que a diversidade impera – e essas mudanças estão valendo a pena. Hoje em dia, é raro um jovem sair da universidade tão ignorante sobre o mundo não ocidental como acontecia comumente com os estudantes da minha época.

Mudanças semelhantes aconteceram no ensino da literatura e das artes. Os alunos entram em contato com um conjunto muito mais amplo de materiais, e seu "olhar interior" (para usar a expressão de Ellison) é estimulado a se expor às experiências de pessoas de tipos muito diferentes, tanto dentro do próprio país como no exterior. Atualmente o ensino da história da música reconhece muito mais as inúmeras tradições musicais do mundo e suas interações. A história do cinema reconhece as contribuições que não fazem parte da tendência predominante em Hollywood.

Contudo, nós, nos Estados Unidos, não podemos ficar satisfeitos com a situação das humanidades. Apesar do apoio contínuo dos doadores, a crise econômica levou muitas universidades a realizar cortes profundos nos programas de humanidades e de artes. É bem verdade que outras áreas também tiveram de fazer cortes. Porém, como as humanidades são consideradas, em grande medida, supérfluas, parece correto reduzir o seu tamanho e, no que diz respeito a alguns departamentos, eliminá-los completamente. Recentemente, em uma de nossas maiores universidades públicas, correram rumores de que algumas disciplinas das ciências humanas seriam selecionadas – aquelas que, supostamente, constituiriam o "núcleo" do ensino de graduação –, eliminando-

-se o resto. O excelente departamento de estudos da religião da universidade foi informado de que a filosofia faz parte do "núcleo", mas estudos da religião não[3]. Embora essas mudanças ainda estejam sendo discutidas, elas são típicas do gênero de medida de redução de custo que está sendo contemplado em diversos tipos de universidade. Mesmo quando os cortes não ameaçam os departamentos como um todo, eles comprometem sua eficiência, já que quando as vagas não podem ser preenchidas o corpo docente fica sobrecarregado e não consegue realizar seu trabalho de maneira adequada.

Embora essas mudanças ameaçadoras sejam, até certo ponto, impostas de fora, não devemos responsabilizar elementos externos à universidade por todas elas. Muitas vezes, para ganhar tempo, as universidades tomam decisões equivocadas – por exemplo, ministrar cursos longos sem o envolvimento crítico suficiente com os alunos e sem dar um *feedback* adequado sobre sua produção escrita; premiar os alunos que apenas repetem o que decoraram. Na medida em que as universidades não conseguem atingir os objetivos defendidos por mim, torna-se muito mais fácil, para quem está de fora, desvalorizar as disciplinas humanistas.

Por conseguinte, as humanidades encontram-se ameaçadas tanto externa como internamente. Num artigo recente, a reitora de Harvard, Drew Faust, registra, e lamenta, "uma forte diminuição do percentual de alunos que se formam em ciências humanas, e um aumento correspondente dos diplomados em cursos técnicos profissionalizantes". Será que as universidades, pergunta ela, "se tornaram reféns dos propósitos imediatos e materialistas aos quais elas servem? Será que o modelo de mercado se tornou a identidade fundamental e definidora do ensino superior?". Faust conclui com uma vigorosa defesa do modelo humanista e de seu papel nos Estados Unidos:

---

[3] Conversa pessoal com um professor de religião da Universidade Estadual do Arizona, mar. 2009.

A EDUCAÇÃO DEMOCRÁTICA NA DEFENSIVA

O ensino superior pode oferecer aos indivíduos e às sociedades uma visão penetrante e ampla que está ausente da miopia inescapável do presente. Os seres humanos necessitam tanto de sentido, de conhecimento e de perspectiva como de empregos. A questão não deve ser se podemos ou não acreditar em tais propósitos nestes tempos, mas se podemos nos dar ao luxo de não acreditar neles.[4]

Por conseguinte, embora ainda conte com muitos defensores poderosos e com uma possibilidade satisfatória de sobrevivência, a educação humanista corre perigo nos Estados Unidos. Fora desse país, muitos países cujos currículos do ensino superior não incluem um elemento de humanidades estão se esforçando para incluí-lo, já que reconhecem sua importância na elaboração de uma resposta clara aos problemas do pluralismo, da ansiedade e da desconfiança que suas sociedades enfrentam. Tenho participado desse tipo de discussão na Holanda, na Suécia, na Alemanha, na Itália, na Índia e em Bangladesh. Como mencionei, foi justamente no Indian Institutes of Technology and Management – no centro da cultura tecnológica voltada para o lucro – que os professores sentiram a necessidade de introduzir cursos de humanidades, em parte como resposta às carências dos alunos, mas em parte também para enfrentar ressentimentos de origem religiosa e de casta.

No entanto, é difícil dizer se haverá uma grande melhora nessa direção, pois a educação humanista tem custos financeiros e pedagógicos elevados. O tipo de ensino que recomendo exige classes pequenas – ou, pelo menos, grupos – em que os alunos debatam suas ideias entre si, recebam um amplo *feedback* sobre exercícios frequentes de escrita e tenham bastante tempo para discutir seu trabalho com os professores. Os professores europeus não estão acostumados com esse conceito, e, no momento, teriam um péssimo desempenho se tentassem pô-lo em prática, já que seu curso de graduação não inclui a prática de ensino, e isso não é considerado um elemento importante no momento de preencher a ficha de pedido de emprego; em comparação, nos Estados Uni-

[4] "The University's Crisis of Purpose", *New York Times Book Review*, 6 set. 2009, p. 19.

dos os estudantes graduados são professores assistentes, com frequência dão aulas a seus próprios grupos ou a classes pequenas e são supervisionados pelo corpo docente da universidade, já que um elemento decisivo da ficha de pedido de emprego é um "portfólio de ensino", que inclui recomendações dos professores e avaliações de curso feitas pelos alunos. Por lhes faltar essa preparação sistemática, na maioria dos casos os professores europeus acabam acreditando que o fato de serem catedráticos significa que não têm de avaliar os exercícios de escrita dos alunos do curso de graduação. Os estudantes graduados também são tratados frequentemente de maneira distante e hierárquica.

Mesmo quando o corpo docente se mostra muito interessado no modelo humanista, os burocratas relutam em acreditar que seja necessário manter a quantidade de professores exigida para que ele realmente funcione. Na Södertörns Högskola, uma nova universidade em Estocolmo com uma grande proporção de alunos imigrantes, a vice-chanceler Ingela Josefson pretende criar um curso para todos os alunos de graduação chamado Democracia, que realizaria alguns dos objetivos do raciocínio crítico e da cidadania global que discuto aqui. Ela enviou jovens professores para passar um ano em faculdades de ciências humanas dos Estados Unidos, para que aprendam o método de ensino necessário para fazer o projeto funcionar. No entanto, até o momento os burocratas do governo se recusaram a fornecer os recursos para que se crie um curso para todos os estudantes que seja desmembrado em grupos entre vinte e vinte e cinco alunos. O curso existe, mas em nível reduzido, sem atender às necessidades do corpo discente como um todo. Enquanto isso, uma iniciativa ousada de fazer parcerias com as diversas instituições de ensino de arte de Estocolmo – escolas que têm como foco o teatro, a crítica de cinema, a dança, o treinamento circense e a música – ainda está engatinhando, e até o momento não conseguiu o apoio público para influenciar o currículo de graduação de Södertörns.

Outro problema que as universidades europeias e asiáticas enfrentam é que as novas disciplinas que têm uma importância especial para a cidadania democrática completa não encontram um espaço seguro na estrutura do ensino de graduação. Os estudos da mulher, os estudos de raça e etnia, os estudos judaicos, os estudos islâmicos – a probabilidade é que todos eles sejam marginalizados, atendendo apenas aos alunos que já têm um grande conhecimento da área e desejam se concentrar nela. Em comparação, no modelo humanista essas novas disciplinas podem oferecer cursos que todos os alunos da graduação sejam obrigados a fazer e também podem enriquecer as contribuições humanistas exigidas em outras disciplinas como literatura e história. Onde não existem tais exigências, as novas disciplinas permanecem marginalizadas. Lembro-me claramente de ter assistido a uma conferência intitulada "Religião e violência contra as mulheres", patrocinada pelo programa de estudos da mulher da famosa Universidade Humboldt de Berlim. O programa era estimulante e os temas, urgentes. Em minha universidade, uma conferência como essa provavelmente teria atraído quase 50% de homens, como geralmente acontece com meus cursos sobre temas como filosofia feminista. Na Humboldt, contudo, além de alguns conferencistas convidados, não havia um único homem na plateia – com exceção do embaixador da Suécia na Alemanha, um velho amigo que eu tinha convidado. Essa é uma típica experiência europeia, porque a exigência de cursar uma disciplina sobre questões femininas muitas vezes é a única coisa que faz com que essa área de estudos deixe de ser estigmatizada pelos jovens do sexo masculino e a torne socialmente aceitável a ponto de eles demonstrarem interesse por ela.

Enquanto isso, a pressão em defesa do crescimento econômico levou muitos líderes políticos europeus a reformular inteiramente a educação universitária – tanto o ensino como a pesquisa – segundo um modelo voltado para o crescimento que quer saber qual é a contribuição de cada disciplina e de cada pesquisador para a economia. Tomemos o exemplo da Grã-Bretanha. Desde o final da era Thatcher, tornou-se um hábito exigir que os departamentos de humanidades da Grã-Bretanha se justifiquem diante do governo – que financia todas as instituições acadêmicas –, demonstrando como a pesquisa e o ensino realizados por eles contribuem para a rentabilidade econômica[5]. Caso não consigam demonstrá-lo, o apoio do governo cai e o número de professores e alunos diminui. Departamentos inteiros podem até mesmo ser fechados, como aconteceu com numerosos cursos de letras clássicas e de filosofia. (Como os professores britânicos não têm mais estabilidade, não existe nada que impeça que eles sejam demitidos a qualquer momento; no entanto, a regra ainda tem sido transferi-los para um departamento que não tenha sido fechado até que eles se aposentem.) Esses problemas estão intimamente ligados à falta, na Grã-Bretanha e na Europa em geral[6], de um modelo humanista. Os departamentos de humanidades não podem se justificar fazendo menção ao papel que desempenham no ensino de disciplinas obrigatórias de ciências humanas para todos os alunos, como acontece nos Estados Unidos.

Nos dias de hoje, onde não são fechados, os departamentos são absorvidos frequentemente por outras unidades cuja contribuição ao lucro seja mais evidente – pressionando, assim, a nova disciplina a enfatizar os elementos de sua própria esfera que se encontrem mais próximos do lucro ou que possam ser modificados para que aparentem isso. Por exemplo, quando a filosofia é absorvida pela ciência política, esta pressiona a filosofia para que

---

[5] Uma parte dessa mudança, mas uma somente, é a avaliação obrigatória da pesquisa e do ensino, que mede a pesquisa realizada pelo corpo docente e a eficácia do ensino de maneira mecânica (número de páginas, se os professores usam PowerPoint, e assim por diante). O aspecto mais insidioso é a exigência – antes implícita, atualmente, bastante clara – que a pesquisa demonstre que tem "impacto", ou seja, que contribui para os objetivos econômicos nacionais.

[6] A Escócia costumava ter um diploma de bacharel em humanidades de quatro anos, sendo o primeiro ano dedicado a cursos de ciências humanas. O compromisso das universidades escocesas com as ciências humanas já era célebre no século XIX: na aula inaugural que proferiu na Universidade de St. Andrews, John Stuart Mill elogia a adequação do sistema universitário escocês à defesa da cidadania democrática, em comparação com o currículo mais limitado da Inglaterra, que tinha como foco a teologia. Entretanto, a padronização do ensino superior imposta pelo modelo de Bolonha, da Comunidade Europeia, fez com que a Escócia fosse assimilada ao resto da Europa, e não o contrário.

ela se concentre em áreas altamente aplicadas e "úteis" como ética empresarial, em vez de se concentrar no estudo de Platão, nas competências da lógica e do raciocínio crítico ou nas reflexões sobre o sentido da vida – que, no fim das contas, podem ser mais valiosas para os esforços que os jovens fazem para compreender a si mesmos e seu mundo. A palavra de ordem é "impacto", e com ela o governo quer dizer, acima de tudo, impacto econômico.

A pesquisa acadêmica também é guiada cada vez mais pela exigência de "impacto". O atual governo trabalhista reformulou todo o universo da pesquisa, incluindo as pesquisas em humanidades, baseando-se no modelo de pesquisa das ciências. A pesquisa tem de ser mantida por meio de subvenções, e os pesquisadores têm de sair a campo para descobrir esses recursos, que normalmente vêm dos órgãos governamentais. Antigamente, a pesquisa na área de humanidades não era financiada dessa forma; era tradicionalmente financiada por meio de recursos fixos alocados diretamente porque se reconhecia que ela contribuía para a vida humana de modo geral, não porque produzisse esta ou aquela descoberta imediatamente útil. Nos Estados Unidos, como parte do contrato-padrão, os professores de humanidades têm direito a determinado período de afastamento para dedicar à pesquisa. Embora em geral eles precisem demonstrar que estão efetivamente envolvidos com pesquisa e publicação durante esse período, essa demonstração é feita a seus pares do corpo docente, que compreendem as particularidades das pesquisas em ciências humanas. Os professores britânicos de ciências humanas têm de continuar a preencher pedidos de subvenção para as agências governamentais, o que significa uma enorme perda de tempo, além de provocar uma grande distorção na escolha dos assuntos a serem pesquisados, já que as agências governamentais que fazem a triagem das subvenções estão em busca de "impacto", além de terem, com frequência, uma profunda desconfiança das ideias humanistas. (No que se refere a esse assunto, a Grã-Bretanha nem é o exemplo mais extremo. Em algumas regiões da Europa, o professor precisa pedir subvenção até mesmo para apoiar seus próprios alunos graduados

— os quais, nas esferas não ligadas à ciência dos Estados Unidos, e também de muitos outros países, são subvencionados por um acordo-padrão entre o departamento acadêmico e a administração da universidade. Desse modo, eles podem continuar sua própria formação sem sofrer nenhuma restrição, em vez de serem encaixados desde o início na "equipe de pesquisa" de algum professor.) Um jovem filósofo cínico, pertencente a um desses departamentos de filosofia e ciência política que se fundiram recentemente, disse-me que, como seu último pedido de subvenção tinha seis palavras a menos que o limite mínimo, ele acrescentou a palavra "empírica" seis vezes, como se fosse para tranquilizar os burocratas de que ele não estava lidando meramente com filosofia. O pedido foi aprovado.

Essas tendências perniciosas foram formalizadas recentemente na proposta feita pelo governo trabalhista de um novo método de avaliação de pesquisa chamado Research Excellence Framework [Sistema de Pesquisa de Alta Qualidade]. De acordo com as novas orientações, 25% da avaliação de um pedido de pesquisa vai depender de seu "impacto". O renomado historiador Stefan Collini apresentou uma análise arrasadora do provável impacto desse modelo nas humanidades em "Impact on Humanities: Research Must Take a Stand Now or Be Judged and Rewarded as Salesmen" [Impacto nas humanidades: os pesquisadores precisam se posicionar agora ou serão julgados e recompensados como vendedores]. (Ele nota que a responsabilidade pelo ensino superior na Grã-Bretanha cabe agora ao Ministério dos Negócios, uma novidade deprimente.) Collini está preocupado com a falta de protesto contra os termos depreciativos que descrevem a pesquisa como um tipo de linguajar usado no comércio ambulante: "Talvez nossos ouvidos não estejam mais atentos... ao ridículo que é sugerir que a qualidade do conhecimento acadêmico possa ser até certo ponto julgada em termos da quantidade de 'usuários externos da pesquisa' ou do alcance dos 'indicadores de impacto'." Ele defende que os acadêmicos da área de humanidades devem insistir que a pesquisa feita por eles representa "um conjunto de maneiras de confrontar o registro da atividade humana em sua extrema riqueza e diversidade", e é por isso que é valiosa. Se esse protesto não acontecer, os humanistas britânicos vão dedicar cada vez mais tempo "a se transformar em vendedores porta a porta de versões baratas de 'produtos' cada vez mais voltados para o mercado"[7].

De acordo com o relato dos humanistas britânicos, parte do problema se deve à insensibilidade governamental com relação aos valores humanistas ao avaliar os pedidos de subvenção; as fundações privadas têm, às vezes, um comportamento melhor. Não obstante, eles sentem, creio que legitimamente, que o sistema de solicitação de recursos subvencionados, embora possa funcionar bem para as ciências, não é adequado para as humanidades e tende a deturpar a missão do conhecimento acadêmico humanista. Consequentemente, temem pelo futuro de uma área de humanidades que não conte com o respaldo de um poderoso grupo de apoio oficial. A situação britânica é típica dos atuais acontecimentos na Europa.

Na Índia, o descrédito pelas humanidades começou há bastante tempo, com a ênfase dada por Nehru à ciência e à economia como as espinhas dorsais do futuro da nação. Apesar do profundo apreço pela poesia e pela literatura, que permeia todos os espaços de sua análise política, Nehru chegou à conclusão de que os métodos de conhecimento emotivo e criativo deviam ceder lugar à ciência, e seus pontos de vista prevaleceram[8]. Como algumas disciplinas de ciências humanas nem sequer existem, o estudo da religião comparada e da história das religiões não é um tema muito presente nas universidades indianas. Outras disciplinas, como a filosofia, há muito têm sido enfraquecidas e estigmatizadas em razão disso; não havia estímulo para que os jovens brilhantes as adotassem como profissão porque há muito se considerava que "filosofia" significava algo meramente histórico e relacionado à re-

---

[7] *Times Literary Supplement*, 13 nov. 2009, pp. 18-19.
[8] A respeito da ambivalência de Nehru acerca das humanidades, ver M. Nussbaum, "Nehru, Religion, and the Humanities", em Wendy Doniger e M. Nussbaum, *India: Implementing Pluralism and Democracy*. Nova York: Oxford University Press, 2010.

ligião tradicional, sendo, por esse motivo, impopular. As disciplinas influentes são as ciências, a engenharia, a economia e, até certo ponto, a ciência política empírica.

A competição mais difícil é pela admissão em lugares como os Institutos de Tecnologia e Administração (IIT, na sigla em inglês), onde (além dos cursos obrigatórios de educação geral em humanidades sabiamente introduzidos) só se oferece ensino técnico. Um eminente pesquisador de origem indiana que faz parte da minha universidade – ele próprio educado no IIT de Déli – descreveu a experiência toda no IIT como uma "deseducação", uma vez que os alunos se concentram estritamente em técnicas profissionalizantes e são desestimulados a aprender técnicas independentes de pesquisa. Como a admissão nos IITs é feita por meio de um exame competitivo de âmbito nacional, os alunos vitoriosos vêm de cidades de todo o país. A maioria deles foi educada para pensar que o principal objetivo da educação é conseguir um bom emprego. A ideia de que as pessoas devem aprender coisas que as preparem para ser cidadãos atuantes e úteis é uma ideia que "nunca lhes passou pela cabeça". Como mencionei, e meu amigo da área científica concorda, os cursos de humanidades – que, na verdade, os alunos apreciam – oferecem um corretivo temporário e parcial à limitação do restante do ensino; porém, considerando a estrutura geral de incentivos no caso dos alunos, seu efeito raramente é duradouro.

E quanto à universidade interdisciplinar que Tagore criou, chamada de "Todo-o-Mundo"? Como os recursos estivessem no fim, Visva-Bharati recorreu ao governo em busca de ajuda. O preço do apoio financeiro foi a perda da independência, e Visva-Bharati logo perdeu seu inconfundível currículo de ciências humanas. Hoje é uma universidade igual às outras, só que com padrões inferiores a muitas delas.

Embora não seja minha área, nós, americanos, deveríamos fazer uma pausa neste momento e agradecer por nossas tradições, que combinam um modelo humanista com um forte estímulo à filantropia e uma estrutura de financiamento composta basicamente de doações particulares. (Mesmo os modelos estaduais americanos mais sólidos, como a Universidade de Michigan e a Universidade da Califórnia, dependem cada vez mais de doações privadas.) Embora não tenhamos escolhido esse sistema de forma deliberada e inteligente, podemos nos dar por satisfeitos que tenha evoluído e que possamos confiar nele.

Por exemplo, em minha universidade não precisamos passar o chapéu entre burocratas que não têm a menor simpatia pelo que fazemos. Em vez disso, procuramos alunos ricos cujos valores educacionais batem razoavelmente com os nossos, já que, de modo geral, são alunos que gostaram do ensino humanista recebido durante a graduação, qualquer que tenha sido a escolha profissional feita posteriormente. Eles amam a atividade intelectual e querem que outras pessoas a apreciem. Não seria fácil para outro país adotar nosso modelo porque se apoia num ensino de graduação fortemente baseado nas ciências humanas, com muita atenção individual proporcionada pelos professores – algo que as pessoas valorizam e desejam transmitir às futuras gerações – e também com incentivos fiscais para as doações de caridade e uma cultura de filantropia há muito estabelecida. Para construir esse sistema, caso outro país desejasse fazê-lo, seriam necessários anos. (Embora a Grã-Bretanha esteja fazendo uma tentativa agora, não está claro se o esforço terá êxito.) Nós, americanos, podemos dar graças pela sorte que temos, já que nossos políticos não gostam mais das humanidades que os políticos de outros países.

Mesmo aqui, no que talvez pareça ser um bastião seguro das humanidades, existem sinais de preocupação. Recentemente aconteceu, aqui na Universidade de Chicago, uma controvérsia relacionada ao fato de que o folheto promocional para alunos potenciais foi revisto para mostrar muitos estudantes em laboratórios reluzentes e nenhum aluno sentado e refletindo. Aparentemente, as visitas ao campus também receberam a orientação de ignorar os bastiões tradicionais do ensino humanista e de se concentrar nas áreas do campus ligadas à medicina, à ciência e aos cursos profissionalizantes[9]. Aparentemente, alguém deve pensar que nossos programas de graduação serão mais atraentes se forem representados como menos focados em filosofia, literatura, história e outros assuntos que tradicionalmente têm sido os elementos principais de nosso núcleo curricular.

As universidades do mundo têm grandes méritos, então, mas também grandes problemas. Embora algumas ainda realizem um bom trabalho, elas estão longe de preparar os jovens para a cidadania.

Em comparação, a educação para a cidadania está indo muito mal nos anos mais decisivos da vida das crianças – conhecidos como "K through 12" [da pré-escola ao final do ensino médio] – nos países em que as exigências do mercado global fizeram com que todos priorizassem as competências científicas e técnicas como *as* competências fundamentais, e as humanidades e as artes são consideradas cada vez mais como enfeites inúteis que podemos suprimir para garantir que nosso país (seja ele a Índia ou os Estados Unidos) continue competitivo. Na medida em que as humanidades e as artes passam a ocupar o centro do debate nacional, elas são reformuladas como competências técnicas que têm de ser analisadas por meio de testes quantitativos de múltipla escolha, e as competências criativas e críticas que se encontram em seu âmago são geralmente deixadas de lado.

Nos Estados Unidos, o exame nacional (de acordo com a Lei No Child Left Behind [Nenhuma criança deixada para trás, NCLB na sigla em inglês]) piorou as coisas, como normalmente acontece com os exames nacionais, pois o raciocínio crítico e a imaginação empática não podem ser mensurados por meio de testes quantitativos de múltipla escolha; além disso, esse tipo de teste não consegue avaliar de forma adequada as competências associadas à cidadania global. (Pensem como a história do mundo teria de ser avaliada num teste-padrão; tudo que eu disse a respeito de apren-

---

[9] "Tour Guides Take Route Less Traveled", *Chicago Maroon*, 16 out. 2009. O "aparentemente" está em meu texto porque o *Maroon*, um jornal estudantil, nem sempre é preciso; porém, as informações que ele apresenta são convincentes.

der a examinar as evidências, criticar uma narrativa histórica e raciocinar criticamente acerca das diferenças entre as narrativas teria de ser omitido.) "Ensinar para a prova", uma postura cada vez mais predominante nas salas de aula das escolas públicas, produz um ambiente de passividade para os alunos e de rotina para o professor. A criatividade e a individualidade, marcas da educação e da aprendizagem humanistas da melhor qualidade, têm dificuldade de encontrar um espaço para desabrochar. Quando o teste determina o futuro da escola, é provável que sejam descartadas as formas de intercâmbio aluno-professor que não se refletem positivamente nele. Se um país aspira, como no caso da Índia, a uma participação maior no mercado, ou se ele se esforça para proteger os empregos, como no caso dos Estados Unidos, a imaginação e a capacidade crítica parecem uma parafernália inútil, e as pessoas passam a desprezá-las cada vez mais. Por toda parte o currículo tem sido despido de seus elementos humanistas, e a pedagogia da memorização impõe sua vontade.

Observem que parte do problema tem a ver com o conteúdo e parte com a pedagogia. O conteúdo curricular trocou o material preocupado em inspirar a imaginação e exercitar a capacidade crítica pelo material imediatamente relevante para a preparação para a prova. Junto com a mudança de conteúdo veio uma mudança pedagógica ainda mais perniciosa: a substituição do ensino que procura promover o questionamento e a responsabilidade individual por um ensino que joga informações goela abaixo visando à obtenção de resultados favoráveis no exame.

A Lei No Child Left Behind foi inspirada por um problema concreto: nossas escolas convivem com uma imensa desigualdade. Algumas crianças dispõem de oportunidades de ensino muito mais amplas que outras. O que devemos fazer, se achamos que para promover uma educação de melhor qualidade é necessária uma avaliação nacional, mas rejeitamos o atual método de avaliação nacional pelas razões que apresentei? Não é impossível criar um método nuançado e qualitativo de avaliação nacional. Na verdade, os Estados Unidos tinham os ingredientes para um método desse tipo em anos anteriores; e o excelente livro de Richard Rothstein sobre responsabilidade, *Grading Education: Getting Accountability Right* [Avaliação da educação: entender direito a responsabilidade], propõe um programa estadual e federal de vários níveis que teste uma variedade de resultados cognitivos e comportamentais de uma forma muito mais sofisticada do que o NCLB, concentrando-se especialmente nas competências necessárias para uma cidadania plena[10]. Esse livro sensível e bem argumentado é um excelente ponto de partida para um debate nacional realmente útil sobre responsabilidade.

Embora eu tenha acabado de criticar a abordagem britânica das humanidades no ensino superior, parece claro que as escolas de ensino médio britânicas resolveram melhor a questão da avaliação do que nós[11]. Os exames do GCSE (General Certificate of Secondary Education [Certificado Geral do Ensino Médio]) – antigamente o nível O – e do nível A que os alunos fazem sobre diversos assuntos quando estão no ensino médio são exames interpretativos; são lidos por várias pessoas e avaliados como se avaliaria o ensaio escrito por um aluno. A filosofia é um dos temas do ensino médio que ganham popularidade rapidamente, e parece que os filósofos concordam que o que é testado não é uma caricatura horrorosa da filosofia (por exemplo, fatos sobre a vida e as "doutrinas" de filósofos famosos), mas, na verdade, a capacidade filosófica socrática: a capacidade de analisar e raciocinar criticamente a respeito de um amplo conjunto de problemas filosóficos. Em outras áreas, também, os testes são ambiciosos e de qualidade. Portanto, quando preservam os valores humanistas, podem ser vantajosos. Se os bons professores souberem como avaliar o desempenho dos alunos em sala de aula, poderá haver um teste concebido para medir o que é avaliado. O único problema é que esse tipo de teste

---

[10] R. Rothstein, *Grading Education*, op. cit. Para o modelo de avaliação mais antigo, do National Assessment of Educational Progress (NAEP) [Avaliação Nacional do Avanço Educacional] das décadas de 1950 e 60, ver cap. 6.
[11] Para outros aspectos do sistema britânico de avaliação, ver R. Rothstein, *Grading Education*, op. cit., cap. 7.

custará muito mais do que o teste-padrão, e teremos de dedicar bastante atenção ao recrutamento de um grupo de assessores competentes e pagá-los bem, algo que ninguém hoje parece disposto a discutir.

O governo Obama tem a oportunidade de modificar o atual *modus operandi* promovendo um conceito mais harmonioso de educação e, se quiser, um conceito de exame mais harmonioso e qualitativo. Os próprios valores pessoais de Obama parecem levá-lo a apoiar essas mudanças; conhecido pelo interesse em ouvir e analisar cuidadosamente os argumentos de todos os lados de uma questão, ele declara seu grande interesse pela "empatia" como uma característica pertinente a um cargo tão alto como o de juiz da Suprema Corte dos Estados Unidos. Sua educação apresentou claramente as características que tenho elogiado aqui, produzindo uma pessoa que sabe raciocinar criticamente, que raciocina utilizando dados variados sobre um amplo conjunto de situações mundiais, que frequentemente demonstra uma forte capacidade de imaginar as dificuldades de diferentes tipos de pessoas – e seu corolário, a capacidade de raciocinar de maneira ponderada sobre si e sua própria história de vida. Embora seja bastante provável que a vida familiar de Barack Obama tenha contribuído muito para esse processo, as escolas devem ter feito sua parte. E sabemos que, quando chegou a hora de ir para a universidade, ele frequentou duas instituições célebres pelo compromisso com o modelo humanista: Occidental, uma excelente faculdade de ciências humanas, e a Universidade Columbia, onde o currículo de graduação em humanidades é bastante conhecido pela abrangência e pela didática comprometida e criativa com que o material é apresentado.

No entanto, pelo menos até o momento o presidente Obama não demonstrou nenhum sinal de apoio às humanidades ou de que vá fazer com que os esforços em prol da educação do país sejam direcionados para as ciências humanas. A escolha de Arne Duncan para o Ministério da Educação não inspira confiança, já que, quando era diretora das escolas públicas de Chicago, ela presidiu a rápida diminuição do financiamento das humanidades e das artes. Além disso, os indícios são de que, em vez de reduzir o foco no tipo de exame nacional iniciado com a Lei No Child Left Behind, o governo planeja expandi-lo. Em seus discursos sobre a educação, o presidente enfatiza corretamente o problema da igualdade, falando da importância de permitir que todos os americanos sejam capazes de buscar o "Sonho Americano". Porém, a busca de um sonho exige sonhadores: mentes educadas que possam raciocinar criticamente sobre as alternativas e imaginar um objetivo ambicioso – de preferência, que não inclua apenas a riqueza pessoal ou mesmo nacional, mas que inclua também a dignidade humana e o debate democrático.

Contudo, em vez desses objetivos importantes e generosos, o foco do presidente Obama até o momento tem sido a renda individual e o progresso econômico nacional, com o argumento de que precisamos de um tipo de educação que atenda a esses dois objetivos. "O progresso econômico e as conquistas educacionais sempre andaram de mãos dadas nos Estados Unidos", insiste ele. Deveríamos avaliar qualquer ideia nova na educação considerando como ela "funciona" bem – aparentemente com relação a esses objetivos. Ele defende as intervenções no início da infância dizendo: "Para cada dólar que investimos nesses programas recebemos de volta dez dólares em forma de redução do número de dependentes da seguridade social, de custos mais baixos da assistência à saúde e de diminuição da criminalidade." Em nenhum momento desse longo discurso ele menciona, uma vez que seja, os objetivos democráticos que enfatizo. E, quando menciona o raciocínio crítico – uma vez –, é no contexto do que as empresas precisam para serem rentáveis. Precisamos, diz ele, desenvolver testes que meçam "se os alunos possuem as competências do século XXI como a solução de problemas e o raciocínio crítico, o empreendedorismo e a criatividade". Esse único gesto na direção das humanidades – num discurso dedicado, em grande medida, ao elogio da ciência e da tecnologia – é claramente uma alusão estreita ao papel de certas competências no progresso das empresas. E a avaliação proposta – um modelo reforçado da NCLB – demonstra muito claramente que os elementos humanistas da frase não fazem parte do núcleo da proposta[12].

Ainda mais problemático, o presidente Obama frequentemente elogia países do Extremo Oriente – Singapura, por exemplo –, que, do seu ponto de vista, nos deixaram para trás em educação tecnológica e científica. E elogia esses países de forma agourenta: "Eles estão empregando menos tempo ensinando coisas que não são importantes e mais tempo ensinando coisas que são. Eles não estão preparando seus alunos apenas para o curso médio ou para a universidade, mas para uma profissão. Nós não." Em outras palavras, considera-se que as "coisas importantes" sejam equivalentes a "coisas que preparam para uma profissão". Uma vida plena de sentido e uma cidadania respeitosa e solícita não estão entre os objetivos para os quais vale a pena empregar o tempo. No contexto de seu discurso, é difícil evitar a conclusão de que as "coisas que não são importantes" incluem muitas das coisas que este livro defende como fundamentais para a saúde da democracia[13].

O modelo americano de educação pública contém enormes desigualdades. É tentador imaginar que o exame nacional ofereça uma solução para esse problema. No entanto, não se resolve o problema da diferença de oportunidade por meio de um tipo de exame que praticamente não garante que as crianças tenham a oportunidade de uma educação estimulante ou de uma preparação adequada para a cidadania.

E quanto à Índia? Falei do desprezo da Índia pelo conteúdo humanista no ensino superior. Praticamente acontece a mesma coisa nas escolas de ensino fundamental e médio, já que elas são fortemente influenciadas pelas normas sociais existentes e pelas tendências nacionais. Embora a escola criada por Tagore em Santiniketan ainda exista, seu foco nas artes a torna bastante impopular no ambiente atual. Antes um destino bastante procurado pelos mais talentosos estudantes de toda a Índia – por exemplo, Indira,

---

[12] Discurso de Barack Obama sobre a educação, blog do *Wall Street Journal*, 10 mar. 2009.
[13] Ibid.

filha de Nehru, passou ali seus únicos anos escolares realmente felizes –, ela é hoje estigmatizada como um lugar para crianças--problema, e os pais não sentem orgulho em matricular seus filhos nesse lugar. Escolas como essa não oferecem o tipo de preparação apropriada para ter um bom desempenho no exame de admissão ao IIT. Enquanto isso, nesses mesmos Institutos de Tecnologia e Administração, os professores lamentam a formação deficiente em humanidades dos alunos.

O conteúdo humanista, então, está em declínio – de uma posição que já era precária. E quanto à pedagogia? Em todo o país, a pedagogia baseada na memorização tem predominado há várias décadas. Em certo sentido, não surpreende que um país que luta para implantar um programa maciço de alfabetização – partindo de uma situação de altos índices de analfabetismo – tenha se concentrado num método de ensino repetitivo, deixando de lado a capacitação do aluno por meio do questionamento, da análise cuidadosa das evidências e da expressão criativa. Esse resultado é ainda mais compreensível quando se recorda que a aprendizagem baseada na memorização predominou durante o período colonial. Todas as escolas que Tagore frequentou, e logo abandonou, utilizavam esse tipo de recurso enfadonho, e foi isso que o motivou a tentar criar algo diferente. Contudo, compreender não é perdoar. Tenho ouvido com frequência americanos nascidos na Índia lamentarem o caráter embrutecedor de sua própria educação, comparada aos aspectos vantajosos que observam nas escolas frequentadas pelos filhos.

Desse modo, a aprendizagem baseada na memorização predomina nas escolas públicas. E o mesmo acontece com muitas formas de fraude; em alguns estados, a taxa de abstenção dos professores chega a 20%[14]. Igualmente prejudicial para as crianças é a prática ultrajante do "ensino particular", na qual os professores são

---

[14] Ver *The Pratichi Education Report: the Delivery of Primary Education, a Study in West Bengal*, de autoria da Equipe de Pesquisa Pratichi, Kumar Rana, Abdur Rafique e Amrita Sengupta, com introdução de Amartya Sem, n. 1. Déli: TLM Books, 2002.

pagos para ensinar os filhos das famílias ricas em suas casas depois da aula – uma prática que estimula o professor a não ensinar de maneira adequada durante o período escolar normal. É muito raro que os professores tentem inovar e influenciar as crianças. O máximo que eles esperam é enchê-las de fatos para que tenham um bom desempenho nos exames nacionais.

Ironicamente, essas práticas nocivas predominam justamente nos lugares – escolas públicas de ensino fundamental e médio – em que imaginaríamos que os alunos, pelo fato de pelo menos frequentarem uma escola e, após certo tempo, estarem alfabetizados, já tenham sido relativamente favorecidos e pareçam ter uma expectativa realista de alcançar uma posição social influente. (Como o índice de alfabetização do país ainda gira em torno de 50% para as mulheres e 65% para os homens, qualquer pessoa que tenha completado o ensino médio é privilegiada.) Entretanto, geralmente encontramos tentativas mais promissoras nas "camadas mais baixas" da sociedade. Milhares de programas de alfabetização rural financiados por organizações não governamentais ensinam alfabetização básica e competências básicas. Embora o foco dos programas que conheço sejam as mulheres e as meninas, eles são muito variados. Não obstante, o que muitos deles têm em comum é a iniciativa e a criatividade. Como as mulheres e as meninas operárias só virão para a aula se tirarem alguma vantagem disso, os professores têm a obrigação de ser originais, animados e criativos. Eles utilizam o desenho, a dança e a música; envolvem os alunos no mapeamento e na discussão da estrutura de poder de sua aldeia, ou na reflexão a respeito de como poderiam negociar melhor com os proprietários das terras de cujas colheitas são parceiros. Eles transmitem um entusiasmo com o que estão fazendo, algo que poucos professores da escola pública conseguem fazer.

O que esses programas nos mostram é que para melhorar a situação desanimadora das artes e das humanidades precisamos, acima de tudo, de investimento humano. Dinheiro é bom, mas os principais fatores são pessoas comprometidas e um apoio decidido aos programas.

Nós, nos Estados Unidos, podemos contemplar nosso futuro nas escolas públicas da Índia. Esse será o nosso futuro *se* prosseguirmos no caminho de "ensinar para a prova", deixando de dar atenção às atividades que estimulam a mente das crianças e fazem com que elas percebam a ligação que existe entre a vida escolar e a vida diária fora da escola. Deveríamos ficar profundamente preocupados com o fato de nossas escolas estarem se movendo, de maneira rápida e despreocupada, na direção do modelo indiano, e não o contrário.

No PERÍODO em que as pessoas começaram a exigir a autonomia democrática, a educação sofreu uma remodelação mundial e criou o tipo de aluno que funcionaria bem nessa forma de governo exigente: não um cavalheiro culto, cheio de sabedoria ancestral, mas um membro atuante, crítico, ponderado e compreensivo de uma comunidade de iguais, capaz de trocar ideias com pessoas de diferentes origens baseando-se no respeito e na compreensão. Embora Rousseau, Pestalozzi, Froebel, Alcott e Tagore se diferenciassem de diversas maneiras, todos concordavam que a pedagogia passiva do passado pouco tinha a oferecer às nações do futuro, e que, se quiséssemos apoiar as instituições participativas, seriam necessários um novo senso de intervenção pessoal e uma nova independência crítica.

Ainda hoje afirmamos que gostamos da democracia e da autonomia, e também pensamos que gostamos da liberdade de palavra, do respeito à diversidade e da compreensão dos outros. Defendemos esses valores da boca para fora, mas pensamos muito pouco sobre o que é necessário fazer para transmiti-los à próxima geração e garantir sua sobrevivência. Entretidos com a busca da riqueza, pedimos cada vez mais que nossas escolas produzam geradores de lucro competentes em vez de cidadãos. Pressionados a cortar os custos, eliminamos justamente os elementos da atividade educacional que são cruciais para preservar uma sociedade saudável.

O que teremos se essas tendências continuarem? Nações com uma população tecnicamente treinada que não sabe como criticar a autoridade e geradores de lucro competentes com uma mente obtusa. Como Tagore observou, um suicídio da alma. Poderia haver algo mais assustador? Na verdade, quando contemplamos o estado indiano de Gujarat, que adotou esse modelo há bastante tempo, onde impera uma ausência total de raciocínio crítico nas escolas e um foco decidido na capacidade técnica, podemos entender claramente como um bando de engenheiros submissos pode se transformar numa força assassina para estabelecer as políticas mais horrivelmente racistas e antidemocráticas. (Em 2002, bandos de direitistas instigados pela propaganda difundida nas escolas – Hitler, por exemplo, é retratado como herói nos livros didáticos de história – assassinaram cerca de 2 mil civis muçulmanos, um ataque genocida condenado no mundo inteiro e que levou à negação do visto americano ao principal ministro do Estado, responsável pela idealização da campanha toda de ódio religioso[15].)

AS DEMOCRACIAS POSSUEM UMA GRANDE capacidade racional e criadora. Elas também estão sujeitas a alguns erros de análise, ao provincianismo, à precipitação, à omissão, ao egoísmo e à estreiteza de espírito. A educação baseada principalmente na lucratividade do mercado global amplia essas deficiências, criando uma estupidez gananciosa que põe em risco a própria existência da democracia, e que certamente impede a criação de uma cultura mundial satisfatória.

Se o verdadeiro choque de civilizações é, como acredito, um choque no interior do indivíduo, à medida que a ganância e o narcisismo lutam contra o respeito e o amor, todas as sociedades modernas perdem rapidamente a batalha, já que elas alimentam as forças que conduzem à violência e à desumanização e deixam de alimentar as forças que conduzem a culturas de igualdade e de respeito. Se não insistirmos na importância crucial das humanidades e das artes, elas vão desaparecer gradativamente porque não dão lucro. Elas só fazem o que é muito mais precioso do que isso:

[15] Ver M. Nussbaum, *The Clash Within*, op. cit., especialmente os caps. 1 e 9.

criam um mundo no qual vale a pena viver, pessoas que são capazes de enxergar os outros seres humanos como pessoas completas, com opiniões e sentimentos próprios que merecem respeito e compreensão, e nações que são capazes de superar o medo e a desconfiança em prol de um debate gratificante e sensato.

Índice remissivo

A Test of Leadership (Ministério da Educação americano), 5n1. *Ver também* Relatório da Comissão Spellings
abordagem socrática: as artes e a, 109-10; caráter não autoritário da, 50-1; nas classes do ensino fundamental/médio, 73-6; perspectiva do crescimento econômico e, 48, 52-3; raciocínio posicional e, 71-2; Tagore e, 71-2; tradição educacional da, 56-72; uso educacional da, 5, 9, 47-8, 54-6, 73-6; valor da, para a democracia, 47-51, 54. *Ver também* raciocínio crítico
Alcott, Bronson, 3, 7, 18, 60-2, 72, 102, 142
Alcott, Louisa May, 61, 118; *Homenzinhos*, 102
alma, 5
Andhra Pradesh, Índia, 15, 20
animalidade, dos seres humanos, 32-3
ansiedade, 31-2, 34, 110

aprendizado passivo: ensinar para a prova como estímulo ao, 135; na educação indiana, 139; reações ao, 18-9, 56-8, 60, 62-3, 65, 69, 101, 142
aprendizado pela repetição. *Ver* aprendizado passivo
artes: competências associadas à, 8; compreensão estimulada por meio das, 8-9, 96, 106-9, 123; crescimento econômico ajudado pelas, 11, 112; custos das, 117, 119; e democracia, 107-8, 116; e desenvolvimento humano, 101-2; e empatia, 101; e imaginação, 24; eliminação das, do currículo, 4, 23-4, 113; estudo de caso nas, 112-7; natureza não ideológica das, 24, 35n8; no modelo educacional de Tagore, 103-6, 110-1, 139-40; o brincar e as, 101; prazer derivado das, 110; significado educacional das, 102-12, 117-9; uso errado das,

145

109; valor das, 8, 143-4. *Ver também* ensino das artes liberais
Asch, Solomon, 41, 51, 54
assuntos globais, 79-80
autoexame: defesa socrática do, 47; valor do, 49-51. *Ver também* abordagem socrática
autoridade: argumento socrático não dependente da, 50-1; respeito à, 41-2, 48, 50, 53-4
avaliação. *Ver* teste

Banco Mundial, 15
Batson, C. Daniel, 37
Bengala Ocidental, Índia, 15, 24n9
Bentley College, 55
BJP (partido político), 21-2
brincar: a democracia e o, 100-1; as artes e o, 101; e o desenvolvimento humano, 97-102; Froebel e o, 60-1; os adultos e o, 100-1; Pestalozzi e o, 58
Browning, Christopher, 41
budismo, 83

cadeias produtivas, 82, 85-6
causa do lucro. *Ver* crescimento econômico
China, 15
choque de civilizações, 28-30, 143
"choque interior", 29-30, 35-6, 143
cidadania: educação para a, 8, 10, 65-7, 80-94, 134; valores socráticos encarnados na, 72. *Ver também* cidadania global
cidadania global, 8, 79-94; conhecimento do mundo necessário para a, 80-2, 86-7; currículo para a, 83, 89-90; economia e, 82-3; educação artística e, 108; ensino das artes liberais e, 93-4, 122-3; ensino de língua estrangeira e, 90-1; ensino superior e, 91-3; exigências da, 93; formas inadequadas de educar para a, 87-8, 134-5; história nacional na perspectiva da, 91; pedagogia de Dewey para a, 85-6; pedagogia de Tagore para a, 83-5; pesquisa especializada e, 89-90, 92; raciocínio crítico e, 88-9, 94; realidade da, 79-80; religião e, 83-4
ciência: ênfase na, 4-5, 133-4; ensino fundamental de, 4-5, 8-9, 53; na educação indiana, 131-2
Cléon, 50
Collini, Stefan, 130
compaixão, 29-30, 36-9
competência, desenvolvimento individual e, 34, 40, 96-7
compreensão: como modelo educacional de Pestalozzi, 58; democracia dependente da, 7, 25-6, 96; educação para a, 40, 96, 106-7; humanidades e artes como estimuladoras da, 8, 96, 106-9, 123; Mill e, 102; no desenvolvimento da criança, 36-7, 61; nos animais, 36; precondições para a, 96-7; progresso humano dependente da, 68; raciocínio posicional e, 37; Tagore sobre a, 68, 95, 104
Comte, Auguste, 68-9
condições de trabalho, globais, 82, 86
Constituição americana, 13, 16
constituições, dos Estados Unidos e da Índia, 13, 16, 25

ÍNDICE REMISSIVO

controlar, vontade de, 30-1, 34-5, 37, 39, 44, 97, 109. *Ver também* dominação: fragilidade e vulnerabilidade; impotência
Coro das Crianças de Chicago, 112-7
corpo: canto e, 115; como fonte de fragilidade e impotência, 30-1, 35; dança e, 104-5; desgosto direcionado para o, 32-3, 35; mulheres e, 104-5
crescimento econômico: abordagem socrática e, 48, 51-3; como medida do progresso nacional, 14-8; como meio, não fim, 11-2; democracias dependentes do, 11; desenvolvimento humano mal coordenado com, 14-5, 20-1; educação para o, 4-8, 11-2, 17-25, 48, 124, 128-9, 135, 138, 142-3; humanidades e artes como auxiliares do, 11, 112
crianças: compreensão como capacidade das, 96; desenvolvimento moral das, 30-40, 96-9; participação educacional ativa das, 18, 58-61
culpar a vítima, 38
currículo: Filosofia para Crianças, 73-6; humanidades e artes eliminadas do, 4, 23-4, 113, 135; na educação voltada para o crescimento, 19-25; para a cidadania global, 83, 89. *Ver também* currículo de história
currículo de história: avaliação padronizada do, 134-5; deweyniano, 85; economia incluída no, 85; na Índia, 21-2,
87-9, 143; nacional, na perspectiva mundial, 91; para uma cidadania global, 81, 91; raciocínio crítico no, 89; voltado para o crescimento econômico, 20-3

dança, 104-6, 110
Dartington Hall, Grã-Bretanha, 69
Declaração Universal dos Direitos Humanos, 13
Déli, Índia, 15
democracia: abordagem socrática e, 47-8, 50-1, 54; ameaças à, 4, 5, 7-8, 11-2, 27-8, 33, 121-2; artes e, 107-8, 116; ateniense, 48-9; bases da, 7; competências que contribuem com a, 25-6; compreensão como elemento da, 7, 24-6, 95-6; desenvolvimento humano e, 25; diversidade na, 10-1; e a economia, 11; e imaginação, 11, 26, 109-10; educação para a, 7-8, 10-2, 25-6, 40-1, 64-7, 122, 126, 137-9, 142-3; fragilidades da, 142-3; gênero e, 110-1; lógica como auxílio à, 74-5; o brincar e a, 100-1; respeito como base da, 7, 24; Tagore e, 9
democracia ateniense, 48-9
desenvolvimento humano: artes e, 101-2; crescimento econômico mal coordenado com o, 14-5, 20; educação para o, 24-6; moralidade e, 29-40; o brincar e o, 97-103
desigualdade: como objeto de ensino, 23; crescimento econômico compatível com a,

147

14, 20, 23; de oportunidades
educacionais, 5, 12, 19-20, 135-6;
na África do Sul, 14, 23; no
ensino urbano, 112-3
Dewey, John: e a educação para
uma cidadania global, 85; e a
educação prática, 86; e as artes,
103, 117; filosofia educacional
de, v, 5-6, 18-9, 64-7, 72-3, 90;
influência de, 76; Tagore e, 69
dignidade, 25, 108-9
Diódoto, 50
direita hindu, 28, 87-8, 142
direitos, 25
dominação: ansiedade na raiz da,
31, 33-4; como ameaça à
democracia, 29; desejos infantis
de, 31; educação para controlar o
desejo de, 40; forças que
promovem a, 27-9; gênero e, 111;
pessoas "boas" envolvidas em,
43; por meio da estigmatização,
33-4. *Ver também* controle,
desejo de
Duncan, Arne, 137
Duncan, Isadora, 67

economia: artes e, 117, 119-20;
crianças pequenas e a, 90; no
currículo de história, 85; no
currículo do ensino superior,
91-2. *Ver também* financiamento,
da educação superior
educação: acesso à, 12, 19-20, 112-3;
tradição de reforma na, 56-72;
moralidade e, 34-5, 40, 42, 44-6;
crise da, 3-12, 121-44;
crescimento econômico mal
coordenado com o avanço da,
14-5; participação ativa da
criança na, 18, 58-61, 87. *Ver
também* educação indiana;
educação nos Estados Unidos
educação americana: avaliação na,
134-9; crise da, 76-7; ensino de
língua estrangeira na, 90; futuro
da, 142-3; Obama e, 137-9;
tradição das artes liberais na,
17-8, 20, 122-5, 132-3; tradição
progressista na, 61-7
educação indiana: acesso à, 12,
19-20; artes liberais na, 93; artes
na, 23, 117-8; ciência na, 131;
corrupção na, 140-1;
crescimento econômico como
objetivo da, 18-23; crise na, 5-6,
76; currículo na, 21-3, 87-8,
142-3; educação para a cidadania
de Tagore, 83-5; ensino de língua
estrangeira na, 90; humanidades
na, 23, 130-1, 138-9; pedagogia
na, 139-40; programas de
alfabetização rural, 118, 141;
resultados da, 143; tradição da, 9;
tradição progressista na, 67-72
educação progressista, 61-7, 101
educação superior: baseada nas
artes liberais, 17-8; educação
para uma cidadania global na,
91-3; financiamento da, 127-31,
133; modelo unidisciplinar, 19. *Ver
também* ensino das artes liberais
Ellison, Ralph, *Homem invisível*,
107, 110
Elmhirst, Leonard, 69
emoções: Alcott e as, 62; Pestalozzi
e as, 59-60; Tagore e as, 105-6
empatia: abordagem socrática e,
71-2; artes e, 99, 101; brincar e,
97; raciocínio posicional e, 36-7

ÍNDICE REMISSIVO

Enron, 53
ensinar para a prova, 135
ensino das artes liberais: custos do, 125; descuido pelo, 6-7, 124, 133-4; educação para a cidadania global e, 93-4, 122-3; esforços internacionais para introduzir, 125-8; financiamento do, 132-3; na Índia, 93; na tradição americana, 17-8, 47-8; perspectiva de crescimento econômico e, 53; situação do, 122-5; valor do, 124. *Ver também* artes; humanidades
ensino de língua estrangeira, 90-1
entretenimento, arte como, 110
Escócia, 128n6
Escola Laboratório, Chicago, 5, 69, 85-6, 103
espaço potencial, 99-100
especialização, na educação, 89-90, 92
estereótipos, 38, 45, 74-5, 81, 83, 94, 107
estigmatização, 32-4, 107, 109
Europa, ensino das artes liberais na, 125-8
exames padronizados, 48, 133-5
Experimento da Prisão de Stanford, 43

Faculdade de Antioquia, 63
Faculdade Occidental, 137
faculdades de educação, 6
faculdades. *Ver* ensino superior
Faust, Drew, 124
filosofia: cursos de ensino fundamental/médio de, 76; cursos de ensino superior de, 55-6; na educação indiana, 131-2;
nas escolas de ensino médio britânicas, 136; pressões econômicas sobre a, 128
financiamento, do ensino superior, 127-31, 132-3
fragilidade e vulnerabilidade: atitudes com relação a, 34, 39-40, 45; canto e, 115; de bebês e crianças, 30-2, 99-100; igualdade como fonte de, 100-1; o brincar como forma de explorar, 99; reconhecimento da, 39-40, 97; sociabilidade oriunda 34, 39-40, 45, 97. *Ver também* controle, desejo de; impotência
Freud, Sigmund, 31
Froebel, Friedrich, 18, 60-2, 64, 72, 101, 142
Fundo Monetário Internacional, 15

Gandhi, Mahatma, 29, 43, 111
gênero: democracia e, 110-1; nojo projetivo e, 34-5. *Ver também* mulheres; masculinidade
Gladwell, Malcolm, 53
Grã-Bretanha: ameaça às humanidades na, 127-31, 133-4; avaliação na, 135
Gujarat, Índia, 15, 20, 21, 143
Guntrip, Harry, 100

Hegel, G. W. F., 62
Herder, Johann Gottfried, 110
hindus e hinduísmo, 83, 87-8, 28n1
histórias infantis: das culturas do mundo, 83; desenvolvimento da preocupação com os outros por meio das, 99; e moralidade, 35-6, 35n8
Hitler, Adolf, 143

humanidades: ameaças às, 123-4, 127-40; cidadania global e, 93-4; competências associadas às, 8; compreensão desenvolvida por meio das, 8, 96, 106-9, 123; contribuições econômicas das, 10; eliminação das, dos currículos, 4, 23-4, 135; valor das, 8, 143-4. *Ver também* ensino das artes liberais

idealismo alemão, 61
igualdade, vulnerabilidade oriunda da, 100-1. *Ver também* desigualdade
imaginação: artes e, 24, 102-19; da experiência dos outros, 95-6, 99-100, 102, 106-8; democracia e, 11, 26, 109-10; Dewey sobre a, 103; e compreensão, 36; educação para a, 95-119; humanidades e artes como estimuladoras das, 8; narrativa, 95-6; natureza humana e, 7; o brincar e a, 97-103. *Ver também* compreensão; empatia
imaginação narrativa, 95-6
"impacto", como critério educacional, 128-31
impotência, 30-2, 34, 60. *Ver também* controle, desejo de; fragilidade e vulnerabilidade
Índia: Constituição da, 13, 16; crescimento econômico e pobreza na, 23; economia como medida de progresso na, 15; política na, 16
influência familiar no caráter da criança, 9-10, 34-5, 37, 41, 45, 59, 96

inovação, ensino das artes liberais e, 53, 112
insegurança, 39, 41-2
Institutos de Tecnologia e Administração (IITs, na sigla em inglês), 93, 125, 132, 140
interpretação de papéis, 71-2, 104
invulnerabilidade. *Ver* controle, desejo de; perfeição, desejo de

Jamia Millia Islamia, 67
jardim de infância, 60-1
João e Maria, 35n8
Josefson, Ingela, 126

Kerala, Índia, 15
Kindlon, Dan, 39, 44

Laques, 49
Lei No Child Left Behind [Nenhuma criança deixada para trás] (NCLB), 134-6, 137-8
liberdade política, crescimento econômico mal coordenado com a, 14-5
lição objetiva, 59, 86
Lipman, Matthew, 73-7
literatura. *Ver* humanidades
lógica, 52, 55-6, 73-5

mal, 28
Mallick, Krishna, 51-2
Mann, Horace, 60, 62-4
masculinidade: associada ao controle, 39; papel sociopolítico da, 110-2
Matthews, Gareth, 73
Milgram, Stanley, 41-2
Mill, John Stuart, 68-9, 102, 128n6
Ministério da Educação americano, 4

Miyazaki, Hayao, 36
Modelo ONU, 88-9
Montessori, Maria, 18, 69, 73n13
Moore, Christopher, 114
moralidade: bem *vs* mal simplificado, 28-9, 35-6; conceber a experiência dos outros como componente da, 109; desenvolvimento individual da, 29-40, 96-9; e o choque interior, 29-30, 35-6, 143-4; educação e, 34-5, 40-1, 42, 44-6; influências circunstanciais sobre a, 42-5; obstáculos à, 30-6, 40-3; política com relação à moralidade individual, 29, 35; redução da, 24, 54; responsabilidade como auxiliar da, 42, 43, 54
Morton Alternative, Cícero, Illinois, 118-9
muçulmanos: e a abordagem socrática na educação, 67; estereótipos dos, 81; tratamento dado pela direita hindu aos, 28, 88, 143
mulheres: coisificação das, 44; como objeto de nojo, 35; e o corpo, 104-5; educação progressista de Mann, 62-3; Tagore e a educação das, 71-2, 104-5, 107, 110; virilidade e mau trato das, 39

nacionalismo, 21, 24, 111
Napoleão Bonaparte, 59
narcisismo, 31-3, 39, 41, 96, 98
NASA, 53
Nehru, Indira, 139-40
Nehru, Jawaharlal, 79, 131

Nícias, 49
nojo: falta de compaixão por objetos que causam, 38; nas histórias infantis, 34-6, 32n6; projetiva, 38; sentimento básico de, 31-3
nojo projetivo, 32-3

Obama, Barack, 6, 16, 137-9
objetos transicionais, 98-9
outros: estigmatização dos, 32-4; imaginar a vida interior dos, 95-6, 99-100, 102, 106-8; o brincar e a relação com os, 97, 98-9. Ver *também* compreensão; empatia; estereótipos; estigmatização

perfeição, desejo de, 34-5, 39. Ver *também* controle, desejo de pesquisa, pressões econômicas na, 128-31
Pestalozzi, Johann, 18, 58-60, 72, 101, 141; *How Gertrude Teaches Her Children*, 59; *Leonard and Gertrude*, 59
Platão, 76; *Laques*, 49; *Mênon*, 50
poesia, 62, 102
política, desenvolvimento moral individual como fator da, 29, 35
pontos cegos, culturais, 106-8
prazer, 110
pressão dos iguais, 41, 50, 53, 72
Programa Internacional de Solução de Futuros Problemas, 88-9
programas de alfabetização rural, 118, 141
prova: nacional, 134; Obama sobre a, 137-8; padronizada, 48, 134-5; qualitativa, 135-6
prova nacional, 134-5

pureza, mito da, 28-9, 35

raciocínio binário, 28-9, 35-6, 38-9
raciocínio crítico: democracia e, 25-6, 53-4; desestímulo do, 21-2; e desafios à autoridade, 41-4; e educação para uma cidadania global, 88-9, 94. *Ver também* abordagem socrática
raciocínio dicotômico, 28-9, 35-6, 38-9
raciocínio posicional, 36-7, 71-2, 104. *Ver também* empatia
reflexão: capacidade da criança de, 30-1; democracias dependentes da, 11; humanidades e artes como criadoras da, 8; natureza humana e, 7; raciocínio dicotômico, 28-9, 35-6, 38
Relatório da Comissão Spellings, 4, 12, 17, 20
religião: como fonte de conflito, 83-4, 104, 125, 143; educação nas culturas globais e, 83-4, 89, 104; status curricular da, 124, 131
respeito: abordagem socrática dependente do, 51, 54; ameaças ao, 27-8, 29; democracia dependente do, 7, 24, 26, 54, 56, 64; desenvolvimento moral e, 29-30; pelas crianças, 61, 73, 76
responsabilidade, moral, 42, 43-4, 54
Rothstein, Richard, *Grading Education*, 136
Rousseau, Jean-Jacques, 18, 27, 34, 68, 96, 142; *Emílio*, 31, 40, 57-8

saúde, crescimento econômico mal coordenado com a, 14-5

Schultz, Charles, *Minduim*, 98
Sen, Amartya, 105
Sen, Amita, 105-6, 110; *Joy in All Work*, 105
Sendak, Maurice, *Onde vivem os monstros*, 36
seres humanos: mortalidade dos 30-2; fragilidade dos, 30-2, 34-5; natureza paradoxal dos, 30-1; natureza animal dos, 31-3; simpatia e respeito pelos, 7, 8, 23-4; tratados como objetos, 7, 24, 31, 44, 109. *Ver também* desenvolvimento humano
Shakespeare, William, *Macbeth*, 68
Sistema de Pesquisa de Alta Qualidade, 129-30
Sócrates, 18, 47, 64
Södertörns Högskola, Estocolmo, 126
Spellings, Margaret, 4
Stone, Mollie, 114-6

Tagore, Rabindranath: "Chota mai", 105; Dewey e, 69; e a compreensão, 68, 95, 104; e a educação das mulheres, 70-1, 104-5, 107, 110; e a educação para uma cidadania, 83-5; e as artes, 103-6, 110-1, 139; e as emoções, 105-6; e o gênero, 111; filosofia educacional de, 5, 9, 18-9, 67-72, 142; *Nationalism*, 21, 54, 68, 83; "O treinamento do papagaio", 69; realizações de, 67-8; sobre a natureza humana, v, 3, 7, 47, 79, 95, 121, 142-3; sobre o nacionalismo, 21, 24, 111; *The Land of Cards*, 70, 105; *The Religion of Man*, 68, 83

Thompson, Michael, 39, 44
treinamento do professor, 119
Tucídides, *História da Guerra do Peloponeso*, 49-50
Tucker, Billy, 51-2, 55-6

Universidade Columbia, 137
Universidade de Chicago, 133
Universidade Humboldt, Berlim, 127
Universidade Visva-Bharati, 19, 84, 132

universidades. *Ver* ensino superior

vergonha, 31-2, 38-9, 41

Whitman, Walt, 121
Winnicott, Donald, 27, 95, 97-101
Wolfensohn, James, 15
Wordsworth, William, 61-2, 102
WorldCom, 53

Zimbardo, Philip, 43

Impresso por :

gráfica e editora

Tel.:11 2769-9056